アルク
選書

JN083089

高校英語授業における文法指導を考える

「文法」を「教える」とは？

金谷 憲・編著、臼倉美里／大田悦子／鈴木祐一・著

はじめに

　昨今、「教えない教育」というスローガンをよく耳にします。「教えない」という言葉を使わないまでも、同じような趣旨での主張をする教育者も増えています。

　「教える教育」も「教えない教育」も教育には違いがありませんが、前者は教師が一方的に知識を生徒に伝えるのに対して、後者は生徒自身あるいは生徒同士の学び合いに任せて、教師は学びのサポートに回る、というのが大まかなイメージの違いでしょう。

　「教えない」を支持する主張がされるのは、教師から生徒への一方通行の授業が行われてきた背景からでしょう。実際、知識伝達型になりがちな教科はあると思います。そして、こうした主張は、主にそうした教科に対して変革の必要性を叫ぶものなのだと思います。

　英語という教科はスキル習得を主な目的としますから、知識伝達型の典型教科ではありません。しかし、英語科の中では、文法指導についてはレクチャーに多くの時間が割かれることは珍しくありません。「文法を教える」ということは、ほとんど「文法を解説する」と同義で使われていると思います。

　文法は「教えなければ」身に付かないのでしょうか。「教えない」では身に付けられないのでしょうか。これが本書のテーマです。

　最初に述べた、「教えない」はスローガンとしての言葉のあやでしょうから、教師が一言たりとも講義しないということではなく、教師の知識伝達が主役か、生徒の学びが主役か、といったとき、生徒の学びが主役、教師の講義・解説は脇役だ、という主張だろうと思います。

　同じように英語科での「文法」を「教える」についても、教師による文法解説が主役なのか、生徒が英語を使って文法を体得することが主役なのか、がポイントです。

　本書をお読みになり、英語授業という舞台では、どちらが主役なのかを見極めていただきたいと思います。

2020年6月

金谷 憲

目 次

第**1**章

「文法」を「教える」って？

Contents

「文法」を「教える」って？

金谷 憲（東京学芸大学名誉教授）

なぜ、今、文法か

「文法はいつ教えるのですか？」

あまり文法解説に時間を割かず、生徒の活動を通じて英語を身に付けさせるといった実践（例えば、5ラウンドシステム）の発表会などで、いつも出てくる質問です。

「毎日やっています」。これが、発表者側の答えです。しかし、この答えに質問者は納得しません。活動をやっているだけで、文法は「教えて」いないだろう、というわけです。

質問者は次に「文法の説明はいつやるのですか」という質問に切り替えてきます。それに対する答えは「必要だと思ったときにチョコチョコと」といった趣旨のものになります。

この答えに質問者はしびれを切らして、「必要と思うのはどんなときか」「チョコチョコとは、どのくらいの分量なのか」具体的に言ってくれと迫ります。

全市を挙げて5ラウンドシステムを実施している埼玉県熊谷市の研修会では、教員から「どんな文法をいつ、どのくらい教えればよいのか」を教育委員会が表にでもして示してくれなければ困る、と指導主事さんに訴える先生もいました。

文法の習得は大切です。大切というより文法の習得こそ、その言語の習得そのものだと言ってもよいかもしれません。ですから、先生方が文法の指導に熱意を注がれるのは、少しもおかしいことではありません。しかし、多くの先生方の「熱意」は、生徒たちが「文法を説明できる知識伝授」に注がれているのが現状だと思います。

本当に文法は解説しないと生徒は理解したり、使ったりすることができないものなのでしょうか。私は、活動中心の英語授業のお手伝いをする中で、基礎的文法ルールは、生徒にたくさん英語を使わせることによって身に付いていく、という事実を目の当たりにしています。一方、解説に多くの時間を費やしているにもかかわらず、生徒たちは簡単な英語すら聞き取れず、単純な構文すらすぐに使う

ことができないような学校に出くわすことも少なくありません。

　本当に、文法解説は必要なのでしょうか。このことを探るのが本書の目的です。この問いに答えを出すために、私たちSherpa（Senior High English Reform Project ALC）は次のようなソースから情報を得て議論を進めていきたいと思います。

情報ソース①　文法解説に時間をあまり割いていない学校の先生に対するインタビュー

情報ソース②　ビリーズテスト（Billy's test＝主語句把握テスト）の高校生版であるKBテストなどをインタビューに協力いただいた学校の生徒さんに実施した結果

情報ソース③　第二言語習得研究でこれまでに分かってきた知見

　情報ソース①はin-depth interviewと呼ばれるタイプのインタビューです。同じ人を対象に何回もインタビューを実施し、情報を深掘りするというものです。2時間から3時間のインタビューを3回ぐらい実施しています。また、インタビュー後も補足の説明をメールなどで求めて回答してもらっています（詳細は、第2章参照）。

　情報ソース②については、第3章で詳しく述べますが、ビリーズテストとはマクロな文構造を把握するために約10年かけて開発実施されたテストで、生徒たちが主語のかたまり（主語句）をちゃんと理解できているかを調べるものです。詳細は『中学英語いつ卒業？　中学生の主語把握プロセス』（2015年、三省堂）にあり、上記の本の巻末には、実際のテストが掲載されていますので、中学生に試してみてください。本書で使ったテストはこれではなく、このテストをベースに高校生用に開発されたKBテスト（高校生［K］ビリーズ［B］テスト）です。

　『中学英語いつ卒業？』制作のプロジェクトチームは、ビリーズテストを、中1の2学期から中学卒業までの各学期末8回行い、中学生の主語把握の進捗状況を調べました。埼玉の公立中学校2校の生徒さんに3年間このテストを受けてもらいました。結果は、中学卒業時に、文の主語句がちゃんと分かっている生徒の割合は、甘く見て3割程度、厳しく見ると1割を切るのではないかというものでした。

　実を言うとすでに、このテストは5ラウンドシステムを紹介した書籍『5ラウンドシステムの英語授業』（2017年、大修館書店）で、横浜市立南高等学校附属

中学校（以下、南高附属中）とラウンドシステムを使っていない中学との比較の目的で使用しております。その結果、南高附属中の生徒さんの主語把握のペースは非常に速いことが確認されています（詳細は前述の書籍参照）。

中学生用に開発されたこのテストですが、主に中2までに導入される文法を使って構成されており、中3で導入される分詞を使った後置修飾（ex. people living in this countryやa novel written by Soseki Natsumeなど）と関係詞による後置修飾を含んでいません。後置修飾について言うと、ビリーズテストでは、前置詞句によるもの（a book on the deskのようなもの）と、to不定詞の形容詞的用法（something to eatのようなもの）のみが使われています。

日本人英語学習者が困難を覚えるのはこうした後置修飾であるといわれています。今回私たちの調査で使ったのは、このビリーズテストに、中3導入のものを加えて開発された高校版のビリーズテスト（KBテスト）です。Sherpaメンバーの臼倉、鈴木によって開発されました（詳細は、鈴木祐一＆臼倉美里（2018））。

情報ソース③については、読んで字のごとくです。ここ40年ぐらいの間で第二言語習得に関するさまざまな研究が行われていますので、文法解説と習得の関係を調べた研究などがあれば有用な情報源として使わせてもらおうということです。

こうした三つの情報源から得られた情報をもとに、文法解説は必要かどうか、その効果についてなど、ディスカッション（第5章［座談会］）でまとめていこうというものです。

「文法」は「教える」必要があるか　答えを出すために

こうした情報源から得たデータなどを使いながら、「文法」を「教える」について論じていきますが、その前に、まずこの章では「文法」を「教える」と言ったときの「文法」と「教える」について、「教える」に重きを置いて整理したいと思います。

この章の冒頭をもう一度見てください。発表会での風景です。

——「文法はいつ教えるのですか」「毎日やっています」

このやりとりの「教える」の内容が、質問者と回答者でズレています。尋ねている方は、文法の解説をイメージしていると思います。発表を聞いているとあまり文法の解説についての話がなく、生徒に英語を使わせるということをやっているように思うが、解説はやらないのか、やるのか、やるとしたらいつ解説をする

のですか、という質問だと思います。一方で「毎日やっています」という答えの方は、「文法が身に付くような活動を毎日行っています」、という意味での答えになっているのだと思います。つまり「教える」のイメージの違いで、質疑応答にすれ違いが起きているということです。

まず、「教える」の中身を整理してみたいと思います。

実はこのような整理は、私たちSherpaではすでに行っており、アルク選書『高校英語教育を整理する！』（2000）にまとめております。この中で、文法についてのセクションもありますが、今回は「文法」を「教える」に特化して詳しく整理してみたいと思います。

「教える」って？

まず、「教える」ということの内容はどのようなことを指すのでしょうか。ごく当たり前のことを問うているようですが、実は「教える」という同じ言葉で語られるときでも、そのイメージは人によってかなり異なります。また、場面によっても違っています。

まず、日本語の意味から確認しておきましょう。『広辞苑』（岩波書店）によると「教える」の意味は次の三つだとされています（番号は、著者）。

① 注意を与えて導く。さとす。戒める。
② 知っていることを告げ示す。
③ 学問や技芸などを身に付けるように導く。

「文法を教える」というときの「教える」の意味は上記のどれに当たるでしょうか。①と③は「導く」、②は「告げ示す」となっています。

前にも述べたように活動中心の授業を勧めると、「文法」はいつ「教える」のかという質問に出くわします。国語辞典にある「導く」「告げ示す」という２種類の行為をこの質問に当てはめて考えてみましょう。

「文法」はいつ「（注意を与え、身に付くように）導く」の？　というのが質問者の真意でしょうか。あるいは、「文法」はいつ「告げ示す」の？　という方が真意でしょうか。読者の皆さんはどちらだと思いますか。

私は断然、後者だと思います。もともと国語的に言っても、「導く」という行

為は「いつ」という言葉とはうまく続きません。「いつ導く?」という表現はしっくりきません。「導く」のは普通、時間をかけてじっくり行うものだからでしょう。

それに対して「告げる」「示す」などは「いつ」とは自然につなぐことができます。「いつ告げる?」「いつ示す?」ということには、答えられそうです。つまり、「いつ」と聞く以上、いつ文法という知識を示すのかという意味であろうと推測されます。

「教える」のタイプ

ここまでの話でお分かりになったと思いますが、「教える」という日本語は『広辞苑』が示すようにおよそ三つの意味合いを持つことがあるということです。

このことを英語教育について考えてみれば、英語を教えるにはいろいろな方法があるということになります。「文法」を「教える」といったとき、広辞苑の語義に則して次の三つに分けて、考えてみましょう。

① 文法という知識を示す　→解説で導入あるいは解説で整理
② 文法が身に付くように導く　→解説せずに活動
③ 間違って使っているような場合、注意を与える

①の「解説で導入」は、中高の伝統的な授業イメージではないでしょうか。「今日の文法ターゲットはこれだよ」ということを示すことから始め、その解説、練習などと進んでゆくタイプの授業です。「解説で整理」は、いろいろ学んだ後に、「実はこうだったんだよ」ということで、文法ルールを整理するという授業です。

導入と整理は相反するものではありません。文法解説から導入し、後になってから整理のための説明をするということもよくやられていることです。両方使うことも可能です。

②は、音読、retelling、その他の活動を通じて文法を身に付けてゆく授業のタイプです。『広辞苑』の語義で言えば、「学問や技芸などを身に付けるように導く」に当たるでしょう。後でも説明しますが、上記の①と②も相反するものではありません。解説で導入し、活動を行い、整理の解説も行うということも起こり得ることです。

③は、必要に応じたフィードバックということになるでしょう。辞書の語義で

最初に出てくる「注意を与えて導く。さとす。戒める」に対応するものでしょう。この「教える」はほとんどの先生が行っていると思います。生徒から質問が出たとき、無視する人はまずいないでしょう。また、ペアなどで話しているとき、作文をしているときなど、多くの生徒が勘違いしているような箇所があれば、活動を中断してちょっとした解説をすることはよく見受けられるように思います。

解説方法

　語義という切り口は以上のようになりますが、解説一つとってもその仕方によってはいろいろな切り口が考えられます。

演繹的 vs. 帰納的

　ルールの解説から入って、そのルールを適応するような練習に移るのが演繹的ということになります。明示的文法解説の典型です。それと同時に、文法解説から入る授業タイプの典型でもあります。

　これに対して、帰納的の方は、ルール解説を最初に行うのではなく、いろいろな例を出していき、その例からルールを引き出すという方法です。活動を通じてだんだんとルールの理解に進んでゆくという方法はこちらに分類されると思います。しかし、伝統的には活動といったことではなく、文例をたくさん出してルールを考えさせるといったものだったでしょうから、帰納的でも導入型と言えると思います。

網羅的 vs. 体系的

　高校の先生方と話していると、「文法は体系的に教えたい」という話が出てきます。私はこの「体系的」という言葉を理解できずに悩まされてきました。先生方が「体系的」という言葉でイメージしていることと、私がイメージすることがかなり違っているように思われたからです。

　モヤモヤしていたある日、どうも先生方の体系的という言葉は、私の頭の中にある言葉では「網羅的」が近いのだと気付きました。そして先生方の言う体系的を網羅的に置き換えてみると、私としては理解しやすくなったように思います。

先生方が心配されるのは「何か抜けていないか」というようなことではないかと思います。だから、文法書を最初から使って全てを説明するようなことが、今でも多くの高校で行われているのだと思います。

　体系的の方は、文法を大づかみにして全体像を理解させるような取り組みを私には想像させます。例えば、修飾ということを考えてみると、英語には前からの修飾と後からの修飾があり、日本語は原則、前からの修飾のみで、こんな点に英語（日本語と対比した場合）の基本的な修飾方法の違いが見られるといったことから始めることです。高校では、こうしたアプローチはあまり採られていないように思われます。

　それでいて個々の後置修飾については解説されています。中１では前置詞句による後置修飾（a book on the deskのようなもの）、その後は、to不定詞の形容詞的用法としてsomething to eatのようなものが出てきます。２年の後半からは、分詞による後置修飾（people living in this city［現在分詞］、a novel written by Soseki Natsume［過去分詞］）、そして関係代名詞によるものなどがバラバラに出てきます。教科書では関連付けて導入されているのに、先生方は意外に関連付けずに解説しているように見受けられます。

　中学卒業前とか高１あたりでは、修飾というテーマで前置、後置の違い、そして英語の場合の後置修飾の種類といった大きな絵を描いて生徒に見せるようなことが、私にとっての体系的というイメージですが、あまり行われていないように思います。

行動的

　言葉による解説より、教師が動いてみせる、現在なら動画を見せるなどで、理解をしてもらうこともあります。

　典型的なものは、中学での現在進行表現などでしょう。昔から割合この方法が用いられています。

　例えば、扉に向かっていったり、扉を開けたりしながらI'm coming to the door. I'm now opening it.などと言ってみせる方法です。現在進行形と合わせて完了を教える先生方もおられます。教室に本物のバナナを持ち込んでI'm eating a banana.などと言いながら食べてみせ、食べ終わったところで、I have eaten it.などとやってみせるわけです。

日英対照的（日本語ならこうだが、英語では）

　「英語は英語で教える」ということが学習指導要領に書かれたことにより、日本語を使うのをためらう傾向が先生方に出てきているように思います。特に一般に広く公開するような授業では、先生方は日本語を控えようとすることがあります。

　しかし、他の方法を取るより、日本語と比べてみた方が手っ取り早い事項は少なくありません。

　典型例は、関係詞節による後置修飾だと思います。節による修飾は日本語でもやります。この点が、日本語にはない冠詞などと違っているところです。英語の関係詞が難しいと思われるのは、日本語では、前置して修飾するところ、英語では後置修飾であるところです。

　関係詞を教えるに当たって一番重要なのは関係詞節の位置の違いです。日本語を出して日本語ではこう言うところを英語ではこうなる、と言って説明するのが一番シンプルです。

解説のタイミング

　「文法」を「教える」ということに関してもう一つ分類の切り口になるのは、解説のタイミングです。すでに一部、この章で述べていますが、この切り口で授業タイプを分けてみました。

① 導入型
② 整理型
③ オンデマンド型

　①導入型は文字通り、「今日のポイントは分詞構文だ」というような宣言（?）に始まり、分詞構文の性質やその作り方などの解説から入るものです。現行カリキュラムの「英語表現」などで典型的に行われていることではないでしょうか。前のセクションで話題にした解説方法などでも時期が特定されるものもあります。例えば演繹的と言えば、ルールから入る方法ですから、導入型になるのが普通です。「英語表現」という科目名とは裏腹に、文法解説授業になっている学校が多く見られます。これでいくと教科書も文法項目ごとに章立てが行われているので、

教科書通りに進めると自然に解説導入型になります。

　これに対して②整理型となると、取りあえず生徒には4技能の活動で使わせておいて、後から、今日出てきたこの表現は分詞構文というのだよとか、その使い方はこうなるのだとかを整理するというタイプのものです。

　③オンデマンド型は、必要なときに必要なだけ解説をするというもので、生徒から質問が出たり、活動中、机間巡視の時に聞かれたり、生徒のパフォーマンスをチェックしたりして、必要に応じて説明するというものです。オンデマンド型などと、少し格好を付けて言ってみましたが、どんな先生でも自然にやっていることです。

　もちろん、タイミングから見た授業分類でも、ミックス型のものがあります。特に質問のあったときに説明するのは当たり前で、聞かれても答えない授業などというのはよほど変わったスタイルで、普通は見られません。

　また、導入型と整理型は両立しますから、解説で導入し、後で整理もするということは可能です。ただし、導入と整理を両方行うとそれだけ先生の解説に時間が取られることになり生徒の活動時間が少なくなるというのが短所になります。

解説方法の良しあしは議論しない

　この他にも個々の文法事項についても、解説方法がいくつもあるものもあり、どれが適切な解説であるかとか、どのような解説がどんな生徒にとってピンとくるものであるかなども議論することはできますが、これは本書の目的ではありません。従って、この点には深入りしません。

解説と活動のバランス

　ここまでは、さまざまな文法解説について整理してきましたが、実はもっと大切なことがあります。それは、文法解説と文法を使った練習・活動との時間的バランスの問題です。授業の時間は限られています。解説を多くすれば活動の時間が少なくなり、活動ばかりだと解説に使える時間はなくなってしまいます。解説と活動はその目的においては矛盾しませんが、時間的に言うと両立しないライバルということになります。

　活動中心の指導を行っている学校は、「文法は毎日教えて、それが身に付くようにしている」と思っています。活動だけで解説はまったくないという授業は見たことがありません。少なくとも、質問があれば答える程度のことは私が今まで見た授業では行われていないことはありません。従って、解説するのがよいか、まったくしないのがよいかという問いはあまり意味を持ちません。

　では、どうして「文法」を「教える」などをテーマにしてSherpaが取り組んでいるのかと疑問に思われたかもしれません。

　ここで、この本の一番のポイントに差し掛かっています。

　文法解説と文法が身に付くように活動させるということは、その目的においては相矛盾するものではありません。しかし、学校の授業のように授業時間が決まっているような場合、そのバランスは問題になります。

　解説に多くの時間を割けば、その分、活動の時間は少なくなります。逆に活動にたっぷりと時間をかければ、解説に使える時間は短くなります。

　第2章以降を読んでいただければお分かりになると思いますが、どちらに多くの時間を使うかが「文法」を「教える」の中で最も大切な点です。

　解説を「教える」をメインに考える先生方は、活動に時間を割くことに不安を覚え、「いつ教えるのか」という問いを発します。活動中心の先生方は「文法も毎日身に付くように指導しているのだから、解説はそんなに大事なものではないでしょう」と思っています。どちらかをゼロにするということは、現実的には行われていないことですが、どちらに軸足を置くかによって結果が異なるのかどうか、がここからの本書の肝です。

「文法」って何?

　さて、この本では「教える」の方に重きを置きますが、「文法」の方も少し整理をしておきたいと思います。

　何をいまさら文法の整理などと言うのかと不思議に思われる方もおられると思います。しかし、この「文法」というやつもくせものです。文法を詳しく解説する必要があるのか無いのかなどを議論していると、どうも「文法」という言葉でイメージしているものも相手と異なっているのではないかと思うことが多々あります。

　中学校の先生に「文法」と言うと、真っ先に出てくるのが3単現のsです。「ど

うもウチの生徒は文法が弱い」などという話になって、具体的にどんなところが弱いのか聞いてみると、大抵、この3単現が出てきます。その他には、品詞がデタラメだとか、be動詞と一般動詞を混同するとか、両者を一緒に使ってしまう等々となってきます。

　高校の先生との話になると、5文型だとか、自動詞他動詞が分からない、時制がダメだとか、後はいろいろな細かい表現（文法？）のことが問題になります。高校の先生は、ある意味当然なのでしょうが、高校になってから導入される文法（表現）を気にします。

　どの考え方が「文法」の正しい姿なのかはここでは問いません。ここで問うているのは「文法」についてもイメージがかなり人によって異なるということです。

文法、語法、表現（イディオムなど）？

　文法という言葉の他に、学校では、語法とか表現といった言葉も使われます。さまざまな内容の解説を全て「文法」という名前で理解している生徒もいると思います。

　解説の好きな（?）先生はいろいろなことについてうんちくをたれます。ですから、どんなことも難しくなってしまうので、難しい説明をされるものは文法という好ましくないレッテルを貼られてしまいます（ちょっと、文法にかわいそうな感じがします）。

　文法以外には、語彙があります。語源の解説もあれば、反意語、派生語などにもうるさい（?）人がいます。予習を義務付けて、辞書を丹念に引いてくるよう命じている先生は今でもいます。辞書引きも、単に教科書に載っている意味だけではなく他の語義も調べてこないとご機嫌斜めになる先生もいます。

　明らかにこれは語彙の問題で文法ではありませんが、こうした解説が苦手な生徒にとっては十把ひとからげで「文法」という厄介なものに分類されてしまいます。

その他　「文法」イメージいろいろ

　カテゴリーの細かさでもイメージが違ってきます。例えば、平叙文、疑問文、否定文などと分けていくのに対し、語順として意識する。修飾という大まかなひとくくりにして、その下に、前置修飾、後置修飾に分類するなど、大まかなくく

りから細かなくくりへと体系的に整理するのと、細かなものをバラバラにリスト的に指導するというのも切り口としては違います。

その他、学んでいる言語（この本の場合は英語）と母語（日本語）との共通点や相違点に着目した指導もあり得ます。例えば、節によって名詞句を修飾することは日本語も英語も行いますが、修飾節の位置は前置と後置という大きな語順の違いがあります。共通点もあり、相違点もあるということです。これに対して英語の冠詞のようなものは、日本語にありませんので、こちらは相違点だけということになります。こうした点も文法解説の切り口にはなり得ると考えられます。

いろいろイメージがあるのに

以上のように、「文法」にも「教える」にもさまざまな種類が考えられます。「文法」を「教える」と言うと、この種類が掛け算になった場合の数は膨大なものになります。まず、これだけの広がりがあるということをご理解いただきたいと思います。

しかし結局、公開授業や研修会での質問者と回答者のすれ違いは、文法解説をすることが「文法を教える」と思っているか、ふんだんに活動を行って生徒に活動を通じて文法を体得させるということが「文法を教える」と思っているか、に集約されると思います。やや大ざっぱに言い切ってしまうと、前者が伝統的に多くの英語教師に信じられている、また、行われていることであり、後者は比較的新しく少数派が実践していることであるといえると思います。

ポイントは文法解説するかしないかのように見えますが、実はむしろ、活動に時間を割くかどうかの方が大切のような気がします。後者の場合でも、生徒が質問すればそれに答えて解説することはありますし、後の章で分かるように、ある程度、活動して分かってきた後に文法整理をするということは後者でも行われていることです。

問題は、その結果がどうであるかということです。解説しないで文法が身に付くはずがないと思っている皆さんにこの本でお示ししたいのは、詳しく解説しなくても、活動によって身に付く文法はある、ということと、その方が、英語がより自由に使えるようになる、という事実があるということです。

これから先の章では、実際に活動体験型の授業実践をしている学校の先生方に、解説しなくても大丈夫か確認したり、文法定着のテストを生徒さんにやってもらっ

たりした結果によって、このことをお示ししたいと思います。

本書について

調査方法論についてのコメント

　この章の最後に少し、本書での調査方法についてコメントをしておきたいと思います。本書では、以下の三つから情報を得ています。

① 文法解説に時間をあまり割いていないと私たちが知っている学校の先生に対する複数回に及ぶインタビュー
② ビリーズテスト（主語句把握テスト）の高校生版であるKBテストなどを上記の学校の生徒さんに実施する、また上記学校の生徒さんが書いた英作文を調べることによって習った文法の定着率を見る
③ 第二言語習得研究でこれまでに分かってきた知見

　第一に、本書では先生方へのインタビューを重要な情報源と位置付けています。この方法は、第4章で扱う第二言語習得研究ではあまり使われていない方法です。学校の英語教育を理解するにはさまざまな手法が用いられます。いわゆる研究の専門家が行うような研究では、研究対象となる事象をかなり絞って、さまざまな方法を駆使してかなり精密に事実確認をすることが普通です。データもたくさん集め、統計的な処理も行い偶然ではないというような保証を付けて結果を報告することが常です。そうした研究から見ると、本書で使われているインタビューという方法はかなり甘く、先生方の主観がかなり混じったもので正確性に欠けるといった印象を持たれがちだと思います。

　まず、それに対してコメントしておきます。授業で行うどれか一つの活動の効果を特定することはほぼ不可能と言わねばなりません。生徒の一番近くにいる教師が感じたことが大切になります。一時的には理解したと思ったことが実はよく理解されていなかったり、身に付いていないと思ったことがかなり身に付いていたりすることは、日々の観察から割り出すのが一つの方法だと考えられます。

　第4章の第二言語習得研究のところでも分かると思いますが、何年にもわたる習得の過程を明らかにするには時間がかかります。ともすると、科学的研究といわれるものは、短期的でいろいろな条件をコントロールして行われます。しかし、

実際に学校などで行われている英語教育は何年という単位の期間にわたり行われ、それぞれの学年で、生徒も違えば、場合によっては教材も異なるということは珍しくありません。そんな中で何年もいろいろな生徒を教えてきて、さまざまな個々の違いを超えて、先生が共通して体験する生徒の学習に関する出来事には、科学的手法による研究とは違った意味での客観性があり得ると考えます。また、測定の数値データには現れないかすかな変化でも、生徒の一番近くにいる先生は気付くことがあります。厳密で「客観的」方法に基づく研究を続ける一方で、教師の観察から得られた実感も利用しない手はないと思います。

ただし、生徒を観察しているとは言え、教師も同じ空間の中にいて動いていますから、生徒の言動にハッとしても、教室から出て行くころには、何にハッとしたか忘れてしまうことが多々あると思います。何度も同じ趣旨でのインタビューを続けてゆくと、そのハッとした瞬間がよみがえり、なぜハッとしたか思い出すことがあります。解説した文法が身に付いていると思う瞬間、あまり解説していないのに生徒が使っている文法など、教師が日々の経験を自省して思い出してもらうことは有効だと考えています。

同時に、KBテストなどで生徒の理解を引き出したり、英作文を調べたりすることで、特定の文法事項を使うことが求められていない状況で自発的に使う文法がいつごろ習ったものなのか、なども見てみようとしています。そして、これまで専門家が研究してきた成果も大いに利用させてもらいたいと思います。

本書では、こうした三つの情報源から得られた情報をつなぎ合わせるような作業によっています。英作文のデータは青森県立田名部高等学校（以下、田名部高校）のものですし、KBテストは横浜市立南高等学校（以下、南高）と田名部高校の生徒さんたちに受けてもらったものです。

理想的には、同じ学校でテストも作文の観察も、インタビューも行い、そこから何が言えるかを考えることがベストだと思います。しかし、実際の学校現場での研究はそう理想的には行きません。生徒さんたちにそう頻繁にテストを受けてもらうことはできません。先生方もいくらin-depth interviewといっても回数には限度があり、1回にお付き合いいただける時間にも限りがあります。

こうした状況で「文法」を「教える」ことを研究するのは、化学者が実験室で実験データを集め分析するというイメージより、考古学者が古墳などから出土した土器の破片をつなぎ合わせるイメージの方が近いと思います。

出土する土器などに完全なものがあることはまずありません。小さな破片を集

め、同じ土器のものだと思われるものをつなぎ合わせ、できるだけ原型を作り上げる作業になると思います。私たちの研究も同じように、バラバラに散らばっている情報の切れ端をつなぎ合わせ、全体像を想像から復元してゆくような作業だと思います。読者の皆さんには学校における英語教育をなるべくトータルに捉えようとする試みの一つだと見ていただけると幸いです。

本書の構成

　各章では次のような構成で、これら情報源から得た知見を述べてゆきたいと思います。

　第2章では、インタビューとそれによって得られた情報をまとめます。同じ先生に同じことを何度も聞き、これまでを振り返っていろいろな経験を思い出していただくというものです。

　第3章ではKBテストを高校生に行いその成果によって基本的文法（特に中3で導入される文法規則）の定着率を探ります。それとは別に、高校生の作文を分析することによって中学導入の文法事項の定着状況を垣間見るつもりです。

　第4章では第二言語習得研究の成果をまとめ、文法解説の効果についてこれまでの知見をまとめます。教室における英語学習も第二言語習得の一種です。ここ40年ほどで盛んになってきたこの研究分野で、文法の解説の役割についてどのような研究成果があるのかを探ります。

　そして、第5章では、Sherpaメンバーで座談会を開催し、これらの得られた情報を付き合わせることによって、文法解説は、どのくらい、いつするのか、解説しないでもよい事項はあるのか等々について話し合ってゆきます。

　最後に第6章で、本書から得られた知見に基づいて、文法指導のヒントを少し提供しようと思います。

引用文献　金谷憲（編著）、隅田朗彦・大田悦子・臼倉美里（著）(2013)『高校英語教育を整理する！教育現場における22のギャップ』アルク

金谷憲・小林美音・告かおり・贄田悠・羽山恵（著）(2015)『中学英語いつ卒業？　中学生の主語把握プロセス』三省堂

金谷憲（監修・著）、西村秀之・梶ヶ谷朋恵・阿部卓・山本丁友他（著）(2017)『英語運用能力が伸びる5ラウンドシステムの授業』大修館書店

鈴木祐一 & 臼倉美里（2018）「日本の高校生の英語名詞句構造の把握能力—Koukousei Billy's (KB)テストの開発—」*Studies in Japan Association for Language Education and Technology*, 11, 23-47.

第**2**章

文法はどう教えている?
～インタビュー～

Contents

文法はどう教えている？　〜インタビュー〜

臼倉美里（東京学芸大学准教授）

はじめに

　本章では、普段あまり文法解説をせず、生徒に英語を使わせる時間をできるだけ多く確保することを目指した授業実践をしている先生方に、「文法」をどう「教えて」いるのかについてインタビューした結果を報告します。

　第1章でも述べたように、生徒に英語を使わせることをメインにした授業の話になると、「文法はいつ教えるのですか？」という質問がよく出てきます。そしてそれに対する授業実践者の答えは「毎日やっています」となるわけですが、こう聞いた先生方の頭には多くの「ハテナ（?）」が浮かんでいることと思います。さらに、「文法の説明はいつやるのですか？」という質問に対する授業実践者の答えが「必要だと思ったときにチョコチョコと」だったりするので、さらに「ハテナ（?）」の数が増えるのではないでしょうか。私たちSherpaメンバーは、そんな先生方の疑問や不安に真正面から向き合うために、実際に授業ではあまり文法解説をしていないという先生方をつかまえて、いろいろとお話を聞いてみました。

　今回インタビューした先生方全員に共通している授業スタイルを一言で言うと、以下のようになります。

・活動を通じて文法を体得させようとしている。
・そのため、解説よりも活動に多くの授業時間を割いている。

　先生方は文法解説しないでどうやって教えているのか？　文法解説なしで本当に生徒は英語を使えるようになるのか？　など、気になることあれこれを踏み込んで聞いてみました。

協力者について

　今回のインタビューでは、次の3校の先生方にご協力いただきました。

・横浜市立南高等学校（以下、南高）および附属中学校（以下、南高附属中）
　の先生6名
・公立A高等学校（以下、A高校）の先生1名
・公立B高等学校（以下、B高校）の先生2名

　この3校のうち、南高と南高附属中は中高一貫校で、中高6年間を通して、生徒にできるだけたくさん英語を使わせる授業を行っている学校です。一方、A高校とB高校は公立高校ですので、高校に入ってから（おそらく初めて）授業中にできるだけたくさん英語を使うスタイルの授業を受けたという生徒が多くいることが想定される学校です。

　これらの学校の先生方に共通しているのは、授業中に生徒にできるだけたくさん英語を使わせようとしていることと、そのための時間を生み出すために、文法解説にかける時間を必要最小限にしているということです。

　最初に、各学校の授業の特色を見てみましょう。

南高・南高附属中

　南高・南高附属中では「ラウンドシステム」による授業を行っています。南高附属中では「5ラウンドシステム」（金谷、2017）を、南高ではこれを模した「3ラウンドシステム」による授業を行っています。

　まずは「5ラウンドシステム」について簡単にご紹介します。これは1年間で教科書を5回繰り返すカリキュラムで、次ページの図1のように、各ラウンドで全ての課を扱います。このカリキュラムの最大の特徴はその学習量で、教科書を使ってスパイラルに繰り返して学習することを通して、多量なインプットと、生徒同士が目的を持って英語を使い合う機会を多く与えることができます。このような学習を通して、学んだ内容が内在化され、自在に使いこなせるレベルまで定着することが期待されています。（次ページの表1、図2参照）

図1 ● 通常の授業と5ラウンドシステムの比較

通常の授業

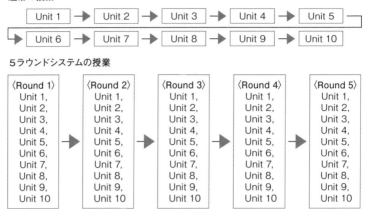

5ラウンドシステムの授業

〈Round 1〉	〈Round 2〉	〈Round 3〉	〈Round 4〉	〈Round 5〉
Unit 1,	Unit 1,	Unit 1,	Unit 1,	Unit 1,
Unit 2,	Unit 2,	Unit 2,	Unit 2,	Unit 2,
Unit 3,	Unit 3,	Unit 3,	Unit 3,	Unit 3,
Unit 4,	Unit 4,	Unit 4,	Unit 4,	Unit 4,
Unit 5,	Unit 5,	Unit 5,	Unit 5,	Unit 5,
Unit 6,	Unit 6,	Unit 6,	Unit 6,	Unit 6,
Unit 7,	Unit 7,	Unit 7,	Unit 7,	Unit 7,
Unit 8,	Unit 8,	Unit 8,	Unit 8,	Unit 8,
Unit 9,	Unit 9,	Unit 9,	Unit 9,	Unit 9,
Unit 10	Unit 10	Unit 10	Unit 10	Unit 10

表1 ● 五つのラウンドの概要

Round 1	リスニングによる内容理解
Round 2	文字と音の一致
Round 3	文字と音のルールの理解（音読）
Round 4	言語材料のルールの発見と定着（穴埋め音読）
Round 5	言語活動（Retelling）

図2 ● 各ラウンドの活動内容

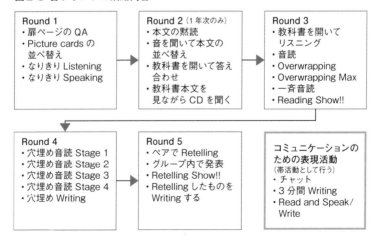

Round 1
・扉ページの QA
・Picture cards の並べ替え
・なりきり Listening
・なりきり Speaking

Round 2（1年次のみ）
・本文の黙読
・音を聞いて本文の並べ替え
・教科書を開いて答え合わせ
・教科書本文を見ながら CD を聞く

Round 3
・教科書を開いてリスニング
・音読
・Overwrapping
・Overwrapping Max
・一斉音読
・Reading Show!!

Round 4
・穴埋め音読 Stage 1
・穴埋め音読 Stage 2
・穴埋め音読 Stage 3
・穴埋め音読 Stage 4
・穴埋め Writing

Round 5
・ペアで Retelling
・グループ内で発表
・Retelling Show!!
・Retelling したものを Writing する

コミュニケーションのための表現活動（帯活動として行う）
・チャット
・3分間 Writing
・Read and Speak / Write

続いて南高の「コミュニケーション英語」の授業で行われている「3ラウンドシステム」について簡単にご紹介します。このカリキュラムでは、コミュニケーション英語の教科書の各Lessonを3回繰り返します（図3、表2）。Lesson 1からLesson 5までを3回繰り返し、続いてLesson 6からLesson 10までを3回繰り返す、というように進めていきます。南高附属中で行われている「5ラウンドシステム」と比べるとまだ日が浅いカリキュラムだそうで、最近になってこの形が定着しつつあるそうです。

図3 ● 3ラウンドシステム

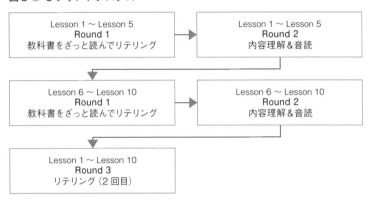

表2 ● 三つのラウンドの概要

Round 1	Retellingを通じて、要点を伝え合いながら本文の大まかな内容を理解する。
Round 2	穴あき音読を通じて、内容・文構造の理解を深め、その表現を身に付ける。
Round 3	Retellingを通じて、身に付いた英文を自分の表現として使い、意見を相手へ伝える。

A高校とB高校

A高校とB高校では、「コミュニケーション英語Ⅰ、Ⅱ」の授業で「TANABU Model」（金谷、2017）に基づいた授業を行っています。これは教科書をベースにしたコミュニケーション活動中心の授業展開を目指したカリキュラムで、教科書のレッスンごとに扱う時間に軽重の差をつけた4パターンのプログラムが用意されています（表3）。

表3 ● TANABU Model の四つのプログラム

コース	授業の流れ	時間数
超こってり	概要把握→詳細理解→語彙＆表現活動→音読活動 →パフォーマンステスト 　1年生：ロールプレイ 　2年生：ディベート 　3年生：ディスカッション	15時間
こってり	概要把握→詳細理解→語彙＆表現活動→音読活動 →リプロダクション	12時間
あっさり	概要把握（リスニング）→語彙＆表現活動	4時間
超あっさり	読解力診断テスト→語彙＆表現活動	2時間

今回インタビューにご協力いただいた先生方は、限られた授業時間を最大限有効に使って、英語を使える生徒を育てたいという共通の思いを持ち試行錯誤なさっています。その一つの方法として「ラウンドシステム」や「TANABU Model」といったカリキュラムを取り入れていらっしゃいますが、本書で注目したいのはこれらのカリキュラム自体ではなく、これらの根底にある「生徒が英語を使う時間を確保する。そのために、文法解説にかける時間をできるだけ少なくする」というコンセプトです。このような理念に基づいた授業実践の中で、先生方はどのように文法を教えているのか、生徒たちの英語力はどのように育っていくのか、先生方はどう思っていらっしゃるのか、その一端をインタビューから垣間見てみましょう。

インタビューの概要

実施回数と時期

　インタビューは全部で7回行いました。どの学校の先生方とも最低2回、最大4回お会いして、我々からの質問に答えていただきました。インタビューの内容を書き起こして整理し、必要に応じてメール等で追加の質問を投げ掛け、答えていただきました。

1回目　2018年12月8日（土）17:30-19:00　横浜市立南高等学校附属中学校
2回目　2019年3月16日（土）14:00-17:00　横浜市立南高等学校附属中学校・
　　　　　　　　　　　　　　　　　　　　　横浜市立南高等学校
3回目　2019年3月23日（土）18:00-20:00　横浜市立南高等学校附属中学校
4回目　2019年3月30日（土）16:00-18:00　横浜市立南高等学校附属中学校
5回目　2019年3月31日（日）14:00-16:00　横浜市立南高等学校
6回目　2019年4月27日（土）18:00-20:30　公立A高等学校、公立B高等学校
7回目　2019年5月25日（土）18:00-20:30　公立A高等学校、公立B高等学校

　以上7回の対面インタビューとは別に、TANABU Modelの元祖であり、現在もTANABU Modelによる「コミュニケーション英語」の授業を全学年で実施している、青森県立田名部高等学校（以下、田名部高校）の先生方4名にも、メールで質問事項をお送りし、お返事をいただきました。本章ではそこで得られた情報も含めてご紹介します。

インタビューで主に聞いた質問

　インタビューに先立ち、先生方にどのようなことを聞きたいかをSherpaメンバーで出し合いました。しかし、このようなインタビューは前例がないため、どのようなことを、どれくらい、どんな聞き方で尋ねたらよいかについては見当がつきませんでした。そこで悩んだ末に「取りあえずインタビューしてみよう」ということになりました。ご参考までにここでは、私たちの議論の中で挙がった「こんなことを聞きたい」リストを載せておきます。

＜こんなことを聞きたいリスト＞

・文法解説しなくても、生徒に文法は身に付くのですか？

・あまり解説しないという中でも、「解説している」文法事項はありますか？

・逆に、「解説しないようにしている」文法事項はありますか？

・解説して役に立ったと思うエピソードはありますか？

・逆に、解説しても役に立たなかった、失敗したと思うエピソードはありますか？

・「生徒が使えるようになった」と感じる文法事項は何ですか？

・「生徒はまだ使えていないな」と感じる文法事項は何ですか？

　先生方が話していただきやすいように、インタビューは一問一答というよりは、むしろその場にいるメンバーで和気あいあいと雑談をするような座談会形式で行いました。そのため、インタビュー当日の話の流れによっては、上に書いた聞きたいことリストの中身を全て聞き出すことができないこともありました。こちらが予定した通りにインタビューを進めることよりも、先生方に合わせて話を進めていく方法を取ることで、「文法」を「教える」にまつわるさまざまなエピソードを、できるだけ多く引き出したいと考えました。また、インタビューの内容を後日まとめているときに、さらにお聞きしたいことが出てきたときは、メール等でご連絡をしてお返事をいただきました。

　そもそも今回のようなテーマでの研究は前例がなかったので、先生方からどのような情報が出てくるかも予測ができず、私たちにとってもドキドキワクワクの試みでした。7回のインタビューを終えて印象に残ったのは、インタビューを受けてくださった先生方が、私たちとのやりとりを通してご自身の授業実践を客観的に振り返っていらっしゃるように見えたことです。インタビューの回数を重ねるごとに先生方も新たに思い出す（気付く）ことが出てくるという感じでした。今回は1校当たり2回から4回という非常に限られた回数のインタビューしかできなかったため、まだまだ聞き足りず消化不良という気持ちもありますが、少なからず発見もありました。

インタビューの結果

　インタビューの結果をご紹介する前にもう一度だけ、各校の先生方の授業に共通する特徴を確認しておきましょう。

・授業中は生徒が英語を使う時間を確保する。そのために、文法解説にかける時間をできるだけ少なくする。
・文法解説は通常の授業ではほとんど行っていないが、必要に応じて行うこともある。ただし、解説するタイミングは、生徒がその文法事項を含んだ英文に十分に触れた後にしている。

　まずは、今回のインタビューを通して分かったことをざっくりと示します。

英語をたくさん使わせながら「文法」を「教える」授業をすると…
・中１、中２で学んだ文法事項については、中３の時点で生徒は結構使うようになる。
・中３で学んだ文法事項については、中３の時点で、理解はそこそこできているが、使うことまではできない。
・中３で学んだ文法事項が高校で使えるようになるかについては、今回のインタビューからはあまりよく見えてこなかった。ただし、高校生が中３で学んだ文法事項を「使おうとしている姿」は見られる。

　それではインタビュー結果を詳しく見ていきましょう。中高一貫校（南高附属中・南高）と公立高校（A高校・B高校）に分けてご紹介します。読みやすいように、便宜上Q＆A形式にしています。

〈横浜市立南高等学校附属中学校〉

Q１：文法解説を授業中にあまりしないということですが、生徒に文法は身に付くのですか？

　この質問に対し、南高附属中の先生方は「繰り返し英語に触れるうちに、生徒は分かるようになっているようです」とおっしゃっていました。ちなみにどのくらい繰り返しているかというと、南高附属中では「５ラウンドシステム」（金谷、2017）のカリキュラムに基づいた授業が行われているので、生徒たちは教科書の英文を相当な量（合計するとおそらく数十回以上）聞いたり、黙読したり、音読したり、Retellingしたりしています。また、これらの活動の合間に、先生と生徒が教科書のトピックにまつわる雑談を英語でする機会が細かく挟み込まれてい

ます。つまり、ドリル的な繰り返し練習と、英語を使ってやりとりする活動が、お菓子のミルフィーユのように重なり合って授業が構成されているのです。詳しくは後の質問への答えに出てきますが、このような授業には文法解説の時間は日常的にはありません。まったくないというわけではありませんが、「必要なときに適量」という感じで、割合としたら本当に微々たる分量です。細かい文法解説なしでも、生徒たちはたくさん英語を使うことで、英語が使えるようになっている、つまり、文法を身に付けているようです。

Q2：あまり解説しない中でも「解説している」文法事項はありますか？ それはいつ、どのようにしていますか？

南高附属中の先生方は、以下の表4にある文法事項については、事前の解説はしないけれど、生徒が十分に触れた後で「整理」する時間を取っているとおっしゃっていました。

表4 ●「整理」する文法事項とおおよその時期

文法事項	整理するおおよその時期
be動詞	中1の11月ごろ
一般動詞	中1の1月、2月ごろ
be動詞と一般動詞の違い	中1の2月、3月ごろ
現在進行形	中2の4月ごろ （ただしどんなときに使われるかの確認のみで、be＋現在分詞という形式には触れない）
過去形	中2の5月、6月ごろ
be going toとwillの違い	中3の6月ごろ （ただしほとんど解説［整理］は不要だった）
受け身	中3の9月ごろ
前置詞句	中3の9月ごろ
現在完了形	中3の9月ごろ
助動詞must、have to、shouldなど	中3の10月ごろ
分詞句の後置修飾	中3の12月ごろ

この表を見て分かるのは、「整理」のタイミングは教科書にその文法事項が初めて出てきたときではなく、だいぶ後になってからだということです。このことからも先生方がおっしゃっている「十分に触れさせた後に整理している」という

現状が分かります。

「整理」する文法事項とそのタイミングが分かったところで、整理の方法について見てみましょう。先生方がどのように文法を「整理」しているのかについて、インタビュー結果から主に以下の二つの方法で行っているということが分かりました。

1．グラマーハント
2．生徒の気付きを促すちょっとした指導

まず、グラマーハントについてですが、この活動は過去に学習した教科書本文の中から、当該の文法事項を含んだ英文を探させるという活動です。この活動を使った「整理」の具体的指導例をいくつか紹介します（グラマーハントの基本的な指導手順はbe動詞の欄を参照してください）。

文法事項	指導内容
be動詞 （中1の11月ごろ）	1.「I am、you are、はみんな仲間なんだよ」と伝えて、教科書からこれらを探させて○を付けさせる。 2. 生徒同士でペアを作って、「be動詞はどういうときに使われているかな？ どんな意味で使われているかな？」と考えさせる。 3. その後に教員から「be動詞があるときは、動詞の左のものと右のものが同じになるよね」という程度の説明をする。 4. 授業の最後に、各自で学んだ内容をノートに自由にまとめさせる。まとめ方は生徒の自由なので、英語で例文を書く生徒もいれば、日本語で説明を書く生徒もいる。
一般動詞 （中1の1月、 2月ごろ）	「動きを表す言葉を探そう」という指示を出し、教科書から一般動詞を探させる。探すUnitは範囲指定する。このとき疑問文が含まれていたりするので、そこで疑問文の構造に注目させることもある。
過去形 （中2の5月、 6月ごろ）	1.「前にあったことについて書かれている文を探そう」と指示を出し、過去形を含んだ文に線を引かせる。 2. 線を引いた文について「昔の話をしているよね」「今までに見た英文とどこが違うかな？」と問い掛けて、動詞の形に注目させる。

グラマーハントを行う過程で生徒たちは、言葉の形式（文法）に目を向けながら、再び教科書の本文に目を通しています。つまり、学びの「繰り返し」が起こっているのです。

さらに、「過去形」について南高附属中の先生方は、中２の初めごろに「過去形月間」を設けていて、What did you do yesterday?のようなトピックで生徒たちにペアで会話させる活動を行うのだそうです。ただし、この活動の目的について生徒には「長く話す練習をしよう」と伝えていて、「過去形を使う」ことを目的にはしていないとのことです。「長く話すためには、昨日のことだけ話すのではなく、今日のことも加えて言ってみよう」のように声掛けをすることで、生徒たちは過去形だけ使うのではなく、異なる時制を混ぜて話をするようになるそうです。このような活動を週に１、２回行い、３～４カ月これを続けているということでした。そうこうしているうちに、中２の３学期ごろになると、自分が書いた英文を見直している時に、「間違えた！　goじゃなくてwentだ」と言い出す生徒が出てくるのだそうです。また、教員が「ここでは昨日のことを話しているよね」というような声掛けをすると、生徒たちは自分で時制の誤りを発見して修正することができるようになるそうで、このような現象は多くの生徒の間で見られるようになるということでした。

　次に、生徒の気付きを促すちょっとした指導では、生徒たちの発話やライティングに出てきた誤りを引き合いに出して、クラス全体で文の形式を確認します。いくつか例を見てみましょう。

誤り	指導例
現在進行形 （中２の４月ごろ）	生徒には動詞の活用表を配布して練習させているが、その表に載っている現在分詞（～ing）が教科書のどこに出てくるかを確認した後で、生徒に「この形ってどういうときに使われているかな？」と聞いた。生徒からはすぐに「『今』を表すときに使われている」と答えが返ってきた。
be動詞と一般動詞の混同 （中３の６月ごろ）	合唱コンクールについてペアで話しているときにI didn't nervous.と言った生徒がいたので、黒板にこの英文を書いて解説した。生徒たちの様子は、「分かってはいるけれど使ってしまう」という感じだった。
代名詞 （中１の１月ごろ、 中２の２月ごろ、 中３の１月ごろ）	中１の１月ごろに教科書のRetellingをやらせているとき、We go home together after school.と言っている生徒が多くいたので、クラス全体で「この英文だと自分（生徒自身）も一緒に帰っちゃうね」と指摘した。それ以降、生徒たちは間違ってtheyの代わりにweを使ってしまったとき、「あ、一緒に帰っちゃった（笑）」のような反応で楽しんでいた。

I can ate の ようなミス	「〜することができた」と言いたいとき、I can ate、I can went のように表現する生徒が多い。しばらくは（特に修正や説明はせずに）放っておいた後、指導（説明）した。生徒はこのとき、「文法を直された（文法を学んだ）」とは思っていない。この例は、生徒たちがみんなことごとく使えていなかったのと、ちょっと説明すれば生徒も直ると思ったから指導した。

素 朴 な 疑 問 に 答 え て い た だ き ま し た

文法解説のタイミングはいつも同じですか？

　同じとは限りません。例えば、バンド練習のエピソードが出てくるUnit で "Practice makes perfect. Just like basketball." という英文が出てきた時、Round 1で最初にこの英文に触れた時の生徒の反応は「なんで今、バスケ好きの話をするねん」と爆笑する。ここであえて形容詞のlikeの説明はしないで放っておきます。その後、Round 2、Round 3で、形容詞のlikeの話を出すこともありますが、生徒の食いつきによっていつ説明するかは変えています。

　生徒の様子を見ながらタイミングを見ているので、結果として、クラスによってタイミングがずれたり、説明するクラス、しないクラスが出てきたりしますが、それで良しとしていますし、問題ありません。

Q３：特に意識して「あまり解説していない」文法事項はありますか？

　この質問に対しては、南高附属中の先生方からはあまり具体的な情報は得られませんでした。そもそも授業中に文法解説のための時間をあまりとらずに、生徒に英語を使わせる時間を多くしようというスタイルで授業を行っているので、当然の結果とも言えるかもしれません。

　実際、南高附属中の先生方は、「授業で文法事項を意識することはほとんどありませんし、今日はこの文法事項を教えるんだ、というような意識を持って授業をしていません」とおっしゃっていました。また、南高附属中の先生が、授業中に文法解説をしたときの生徒の反応について、次のようなエピソードを語ってくださいました。

　　何年も前のことですが、関係代名詞か現在完了の説明を日本語で５分くらいしたとき、生徒の集中力が切れるか、寝てしまったことがありまし

た。クラスの半分以上の生徒は「説明してもらって分かった」と感じて
いたとは思うけれど、残りの半分が引いてしまっていて、こういったこ
とは普段の授業ではあり得ないことなので、失敗したなと思いました。

　南高附属中の生徒たちにとって英語の授業というのは、「英語を使う」時間であっ
て、「文法を教わる」時間という感覚はないようで、先生方も「うちの生徒たち
は英語の授業で文法を教えてもらっているとは思っていないだろうと思います」
とおっしゃっていました。

 素 朴 な 疑 問 に 答 え て い た だ き ま し た

　解説しないで、どうやって本文の内容を理解させているのですか？

＜現在完了＞

　例えばI have lived here since last January.というような英文が教科書や
副教材に出てきたとき、生徒と次のようなやりとりをして、英文の意味を
理解させます。

　　教師：Does he live here now?

　　生徒：Yes.

　　教師：When did he come to Japan?

　　生徒：He came to Japan last January.

　このようなやりとりは、have lived（完了形）を教えようと思ってやっ
ているわけではありません。言語形式を分かってほしくて聞いているわけ
ではなく、本文を理解できているかを確かめるために聞いています。

　生徒がまだhave livedの形式を知らないと想定しているので、How long
has he lived here?とは聞かずに、When did he come to Japan?と聞いていま
す。How long 〜?と聞いてしまうと、形だけ見て適当に答えて正解にたど
り着けてしまうこともあるだろうし、そもそも質問の英文の意味が分から
ないという生徒もいるからです。

　When did he come to Japan?と生徒に聞いて、He came to Japan last
January.と生徒が答えたのに対し、教員がHe has lived here for six months.
のように現在完了形を使って言い直すことでインプットを与えることはあ
ります。

34

Q4：「生徒が使えるようになった」と感じる文法事項と「生徒はまだ使えていないな」と感じる文法事項はありますか？

　まず、お断りしておかなければならないのは、今回のインタビューでは、中学校で扱う文法事項を全て網羅して質問したわけではないということです。「中学を卒業するまでに、生徒が使えるようになったと思う文法事項は何ですか？」「逆に、これはまだ使えていないと思う文法事項は何ですか？」というオープンな質問を先生方に投げ掛けました。このような聞き方ではなく、例えば「不定詞はできていますか？」のように具体的な文法事項について細かく聞いていくという方法もあるのですが、先生方を誘導してしまう恐れがあったので、あえてざっくりとした聞き方をして、先生方の中で印象に残っているエピソードを自然に引き出そうと考えました。ただし、インタビューを重ねるうちに、「この文法事項については、ぜひ先生方に聞いてみたい」と思うものが出てきたときは、こちらから質問をしました。

　全体的な印象について、南高附属中の先生方からは次のようなコメントがありました。

> 中1、中2で学習する文法事項については、中3の時点でかなり使えるようになっていると思います。中3で学習する文法事項（例えば現在完了形、受け身、関係代名詞など）については、中3が終わる時点では理解するのが精いっぱいという感じで、まだ使いこなせるところまでは行っていないと思います。

　インタビューでは、さらに掘り下げて、具体的な文法事項についてエピソードを語っていただきました。次ページの表5に、先生方のお話の中に出てきた文法事項と、身に付き度合いをまとめました。

表5 ● 先生方のお話に出てきた文法事項と身に付き度合い

文法事項	初出学年	中3での身に付き度合い※
人称代名詞（所有格）	中1	使っている
be動詞と一般動詞	中1	使っている
SVO基本語順	中1	使っている
進行形	中1	使っている
3人称単数現在形のs	中1	使っている
前置詞句の語順	中1	使っている
不定詞	中2	使っている
接続詞because	中2	使っている
比較	中2	使っている
受け身	中3	理解はできているが使っていない
現在完了形	中3	理解はできているが使っていない
後置修飾節（関係代名詞）	中3	理解はできているが使っていない

※先生方のインタビューでのエピソードをもとに、こちらでざっくりとラベル付けをしたものです。
※「受け身」は、H28年度版中学検定教科書6冊のうち2冊がBook 3（冒頭単元）、4冊がBook 2（最終単元）で扱っていますが、ここでは中3導入の文法項目として分類してあります。

　この表を見ても分かるように、中1、中2で学ぶ文法事項については、生徒たちは中3の時点で話したり書いたりする中で使っているようです。それに対し、中3で学ぶ文法事項は、読んだり聞いたりして理解するところまでは行くけれど、使うところまではたどり着かずに中学を卒業するようです。

　ここからは各文法事項のエピソードを見ていきましょう。まずは「中3の時点で生徒が使っている文法事項」で、表5の中で「使っている」というラベルが付いているものです。インタビューから、これらの文法事項については中3の時点で生徒の発話や作文によく出てくるという印象を先生方が持っていらっしゃることが分かりました。ただ、ミスなく使えるようになっている生徒もいれば、ミスをしながら使っている生徒もいるようです。また、先生方のエピソードから、中学3年間を通してこれらの文法事項がどのように習得されていくのかを、垣間見ることができました。

中3の時点で生徒が使っている文法事項

【人称代名詞（所有格）】

中1の終わりごろから中2の初めにかけてshe's name（正しくはher name）というような表現が大量に出てきます。これは、ペアで会話した後に、自分のペアの相手が話した内容についてreportingさせるようになってから頻出する誤りで、特に教科書でTina's nameなどの表現を学んだ後あたりから目立つようになります。確認したわけではないですが、おそらくhe'sも使っていると思います。話させているだけではhe'sと言っているかhisと言っているかの区別はつきにくいので、she'sほど目立たないだけで、おそらく生徒は言っていると思います。

さらに、人称代名詞の所有格が中2、中3ではどうなっていくかについて、横浜南中学校の先生方は次のようにおっしゃっていました。

中2になると、クラスの半分くらいの生徒がまだshe'sと言っています。英語を流暢に話せる生徒であっても間違えてしまうことがあります。中3になると、she's系のミスは「絶滅危惧種レベルの希少価値」になります。つまり、ほとんどの生徒が間違えずに使えるようになるわけですが、全員が正しく使えているわけではありません。

南高附属中の先生方は、人称代名詞の格変化について細かい解説はしていません。授業中に教科書の英文に何度も触れたり、英語を使う機会をたくさん得たりすることで、多くの生徒たちは中学卒業までに人称代名詞（ここでは所有格）を正しく使えるようになるようです。

【SVOのような基本的な語順】

中1の2学期ごろは、I play tennis.と言うべきところを、「I playがtennisで…」と日本語交じりで話している生徒が全体の1割ほどいます。しかし、中2の2学期末にはこのような生徒はいなくなります。2年生になると、同級生とのペアワークで「良いインプット」をペアの相手から受けることができるので、これも習得に役立っているのではないかと思います。

南高附属中の先生方は、英語の語順について特に解説していません。それでも生徒たちは、中２になるまでに基本的な英語の語順（例えば I play tennis. のような）を身に付けることができているようです。

　また、南高附属中の授業を見ていると、前述のエピソードに見られるように、生徒が話す英語に日本語が混ざることがあります。先生方はこのような生徒の発言に対して、「日本語を使ってはいけないよ」というようなことはおっしゃりません。このような日本語は、あくまでも英語での自然なやりとりの中で出てくるもので、英語で言えることが増えれば、生徒は日本語を使わなくなります。分からない部分は日本語で言ってしまってもいいから英語で話し続けようという雰囲気は、生徒に英語をたくさん使わせる授業では不可欠なのかもしれません。

【前置詞句の語順】

> I like rice on natto.（私は納豆ご飯［ご飯の上に納豆がのっている］が好きです）のようなミスが、中１のころから出てきます。中２になっても同様のミスをしてしまう生徒はいますが、自分で気付くようになります。

　日本語と同じように単語を並べてしまうとrice on natto（ご飯の上の納豆）のようになりますが、このような語順のミスは、中学２年生になると生徒自身が気付くようになるということなので、英語を使う機会が増えるにつれて、正しく使えるようになるのかもしれません。

　一方、中２になると次のような新たなミスが見られるようになるそうです。

> I sometimes go to near my house stand.（家の近くのフードスタンドに時々行きます）というような英文を書く生徒が、中２くらいから出てくるようになります。中３になると、中２のときよりは正確に言えているように思いますが、nearを含んだ表現は、中３でもミスが多いと感じています。

　前置詞句による後置修飾は、中学卒業時点で正しく使えるようになっているようです。

【不定詞】

中2の定期テストの答案で、I like listen to music. のようなミスが多かったので、テスト後の授業でこの英文を黒板に書いて「どこが違う？」と質問してみました。それまでの授業で不定詞の解説は特にしていなかったのですが、生徒たちは間違いを直すことができました。自分で作文するときは間違えてしまうことがありますが、生徒たちは不定詞を含んだ英文の正しい形が何であるかは分かっているようでした。中3になってもこの種のミスをしてしまう生徒はいますが、人数は減っている気がします。

【be動詞と一般動詞】

be動詞と一般動詞を一緒に使ってしまう生徒がいます。I am like tennis.のような英文を作る生徒はいませんが、例えば、I was study.とか、I can ate.のような英文を書く生徒はいます。中3になってもこのようなミスは多いですが、印象としては、wasの使い方は正確になってきていて、canの後の動詞の形はまだ理解できていないという感じです。

【進行形】

正確なデータは取っていませんが、進行形のbe動詞が抜けてしまうミスは、中学3年生になっても3〜4割の生徒の間で時々見られると思います。ただ、文が間違っていると言えば、ほとんどの生徒が訂正できると思います。

【3人称単数現在形のs】

3単現のsが抜けてしまう生徒は中3でもよく見かけます。

　南高附属中の先生方は、これらのミスをしてしまう生徒について、「間違って使っているというよりは、まだ使えていないという感じです」とおっしゃっていました。つまり、たとえ生徒が間違えてしまったとしても、その文法事項を実際に使って英語を話したり書いたりしているという事実を、習得の途中段階にいる、習得が進んでいる証拠だ、と捉えているのです。教える側は正しい形を知っているため、生徒が話したり書いたりする英文にミスが見られたとき、「間違って使って

いる」とネガティブに捉えてしまい、時に「ミスを正してあげなければ」と思うことがあるかもしれません。しかし南高附属中の先生方は、日々生徒が英語を使う様子を見ていて、「今はまだ正しくは使えていないけれど、このまま使わせていけば、そのうちきちんと使えるようになる」という確信があるため、生徒のミスに対して「直してあげなければ」とか「解説してあげなければ」というような不安を感じることがないようでした。

【接続詞because】

> I go to school when I take a bus. (私は学校に行くときバスを使います)
> とか、I was sick because I was absent from school. (私は体調が悪かったので学校を休みました) のようなミスは見られます。ただ、中3になるとあまり見かけなくなります。

このようなミスは、日本語の語順のまま単語を並べてしまうことにより起こると考えられます。南高附属中の先生方は、becauseを使った文の語順について特に解説はしていないということでしたが、もしかしたら日本語と英語で語順が大きく異なるものについては、解説なり整理をしてあげることで、学習が促進されるかもしれません。

【比較表現】

> more cold系のミスは結構あります。あるとき、I get[got] up more early than usual.と言った生徒に、You got up earlier than usual.と正しい表現を与えたら、その後生徒たちはこの表現をまねしてどんどん使っていました。授業中の教員の英語を生徒たちはとてもよく聞いています。教員が話す英語からも、表現を学び取ろうとしているのだと思います。

このエピソードから、南高附属中の生徒たちは他人が話した英語をまねして話すことで学んでいる様子が見えてきます。これは母語習得のプロセスと似ています。この点については第4章でも考察しますが、「言語を使いながら習得する」という現象が、学校英語教育の現場でも見られるということは、とても興味深く、可能性を感じることだと思います。

ちょっと一休み

解説しないで、どうやって本文の内容を理解させているのですか?

<関係代名詞>

例えば、The old woman studies English to help people who want to come to Tokyo Olympics.というような英文が出てきたときに、次のようなやりとりをして理解を促しました。

　　教師：なんでおばあちゃんは英語を勉強したいの?

　　生徒：peopleを助けたいから。

　　教師：どんな人を助けたいの?

このやりとりは、副教材として使っている『じゃれマガ』(浜島書店)を使ったリーディング活動中に、まだ教科書に出てきていない関係代名詞のwhoが出てきたときのものです。時期としては中2の終わりごろです。

ただし先のようなやりとりは初出で行うのではなく、whoが5回とか10回とか出てきた後で、「今回のwhoは比較的構造が分かりやすいな」という英文が出てきたところで、先のようなやりとりをしながら簡単な解説を加えることがあります。

副教材を使ったリーディング活動中、生徒たちは文章の意味を理解するのに必死です。関係代名詞以外にも分からないものがたくさんあり過ぎて、whoとかthatを気にする余裕がありませんし、教員の方も、「分かることだけでいいよ」「全部分からなくてもいいよ」と繰り返し伝えています。そのため生徒たちは、「分からないこと」よりも、「分かること」に集中して英文を読んでいます。

中3になって教科書に関係代名詞が出てきたとき、生徒は「今までよく分かっていないかったことが分かってラッキー」という感じで捉えていると思います。生徒にとって英語の学習は「分からないことから始まる。分からないことが当たり前。後から分かるようになる」ものなので、このような捉え方をするのだと思います。

中3の時点で理解はできているが使っていない文法事項

【受け身】

教科書に出てくる表現を決まり文句として使うことはできるようですが、それ以上まではいっていないように思います。Retellingや受け身を使わなければならない状況では、5割くらいの生徒が受け身を使っていたと思います。また、あるとき、生徒に受け身を使わせようと思って「単語当てクイズ」をやったことがあります。例えば黒板に傘の絵を描いて、It's used for ...のような英文を使わせようとしたのですが、こちらが期待したようには生徒は受け身を使っていなかったと思います。受け身以外の英文で表現できてしまう場合は、わざわざ受け身を使わないんだと思います。

【現在完了形】

中学3年生は、Have you been 〜?とか、I've been 〜.とは言えるのですが、それ以外の例えばI've already ...などの現在完了形はあまり使えていないと思います。生徒は、I've been 〜を定型表現として捉えていて、「have＋過去分詞」という形としては捉えていないのだと思います。

【後置修飾節（関係代名詞）】

中学校ではまだ使えるレベルには達していないと思います。読んで理解はできると思います。

その他

最後に、特定の文法事項に限定できないものとして、次のようなエピソードがありました。

多くの生徒がやるかどうかは確かではないですが、中3になるとI like sport is tennis.（私が好きなスポーツはテニスです）とか、I get up is six.（私が起きるのは6時です）というような英文を作る生徒はいます。このような英文を書いてしまう生徒たちは、この英文に関わる文法をまったく理解できていないわけではなく、「正しく使うことができない状態」なのだろうと思います。

ここまで、南高附属中の先生方へのインタビューで語られたエピソードをご紹介してきましたが、あらためて分かったことをまとめてみます。

・文法解説は「使わせた後で整理する」
・中1、中2で学ぶ文法事項は、中3の時点で生徒たちは使うようになる
・中3で学ぶ文法事項は、中3のうちには使うところまではいかない

 素 朴 な 疑 問 に 答 え て い た だ き ま し た

文法解説をしないと、生徒がどんどん質問に来たりしませんか？

　ほとんど来ません。これまでに質問に来た生徒の数は、学年に1人くらい。生徒を見ていると、最初はとにかく英文の意味を理解することが中心で、分からないことは「流れていく（気に留めず忘れていく）」という感じなので、質問にも来ないのだと思います。

生徒たちは塾で文法解説を受けているのではないですか？

　中学生については、通塾率は2年生で全体の2割程度。部活を引退した3年生で3割程度だと思います。高校入試がないので、塾に通う必要性がないのだと思います。

生徒が自分で参考書などの文法解説を読んで学習することはありますか？

　スイッチが入った生徒は自分でどんどん学習し始めます。例えば、全員に自宅学習としてNHKの『基礎英語』を聞かせているのですが、最初の方はテキストに書いてある文法解説の箇所は飛ばしている様子ですが、学年が進むにつれて、ちょうど授業で扱ったばかりの文法事項が番組に出てくると、それについて自習ノートに自分でまとめて、「これは●●ということだったと分かった」というコメントを書く生徒がいます。また、「基礎英語を聞いていたら現在進行形っていうのが出てきたんですけど、学校で習っている文だったからびっくりしました」というような発言はよく聞きます。

〈横浜市立南高等学校〉

　続いて南高の先生方のエピソードをご紹介します。結論から言うと、南高の先生方からは、南高附属中の先生方ほど多くの具体的なエピソードは出てきませんでした。その理由の一つとして、高校での科目編成があります。多くの高校では「コミュニケーション英語」に加えて「英語表現」という科目が設定されています。南高でもこの２科目が設定されていて、文法解説は主に「英語表現」の時間に行っているため、「コミュニケーション英語」の授業ではほとんど行っていないとのことでした。このように科目によって役割分担するという方法は、高校で効率的な英語学習を進める上では、良いアイデアかもしれません。

　今回インタビューさせていただいた横浜南高校の先生方は「コミュニケーション英語」の授業ではほとんど文法解説を行っていないとのことでしたが、別の科目（例えば高校３年生の「ライティング」の授業）では解説を行うことがあるそうで、そのエピソードをいくつかお聞きすることができました。

　南高附属中のときと同様に、便宜上Ｑ＆Ａ形式でご紹介していきます。

Ｑ１：あまり解説しない中でも「解説している」文法事項はありますか？　それはいつ、どのようにしていますか？

　ここで繰り返しておきたいのは、南高の先生方も南高附属中の先生方と同様に、文法解説は「後出し」だということです。つまり、教科書本文を読む前に導入型で文法解説を行うことはなく、生徒が十分に教科書の英語に触れた後に行っているということです。

　具体的には、以下のような文法事項について解説しているようです。

・文中の主語と動詞
・関係代名詞
・過去完了（高３：ただし「ライティング」の授業にて）
・時制（高３：同上）
・仮定法（高３：同上）

　次に、解説の方法について、具体例をご紹介します。南高では、コミュニケー

ション英語Ⅰ、Ⅱ、Ⅲの授業では英語を読んだり聞いたり話したり書いたりする
ことに授業時間のほとんどが割かれていますが、英語表現Ⅰ、Ⅱの授業や、高校
３年生の「ライティング」の授業では、文法解説が行われています。今回のイン
タビューで先生方から出てきたエピソードは、ライティングの授業でのものです。

文法事項	指導例
過去完了 （大過去）	・時間の数直線を書いて、過去形と過去完了形の違いを説明し てあげたら「そういうことだったのか！」と生徒が喜んでいた。 同じ説明を高校１年生にもしたことがあるが、そのときの反 応はもっと薄く、「ふーん」という程度だった。
時制、仮定法、 関係詞	・生徒が書いた英作文についてピアフィードバックをやらせたり、 教員が誤りを含んだ英文を板書して、生徒にエラーコレクショ ンをやらせたりしている。

また、これ以外にも、南高の先生方から次のような興味深い発言がありました。

　　　コミュニケーション英語で扱った文法が、後で英語表現の授業に出てく
　　るパターンが一番教えやすいです。例えばコミュニケーション英語のあ
　　るレッスンの本文にI wish I could become a firefighter.という仮定法過
　　去の文が出てきたことがありました。このときはwishという動詞の意味
　　から文脈を推測させて、文法解説は行いませんでした。その後の英語表
　　現の授業で「仮定法」を扱うレッスンで、「I wishは現実にはなかなか
　　起こり得ないことを伝えるのに使う表現だよ」と簡単に解説した後、先
　　述したコミュニケーション英語の教科書本文を参照させたところ、生徒
　　の理解が深まったように感じました。

　この先生は、「コミュニケーション英語で触れる」→「英語表現の授業で解説
する」→「もう一度コミュニケーション英語の教科書に戻る」という順番が理想
的であるとおっしゃっていました。ただ、２科目の授業の進度がうまく合わない
ことの方が多いので、このような指導が常にできるわけではないともおっしゃっ
ていました。
　さらに、南高の先生方の中には、「コミュニケーション英語の授業では内容理
解にフォーカスしているが、『この文法が分かっていないと本文の内容理解がで
きない』と思うものについては、授業中に解説することもある」という先生もい

らっしゃいました。

Q2：　中学校で学習した文法事項のうち、高校生になってもよく見られる文法
　　　ミスにはどのようなものがありますか？　例えば進行形のbe動詞が抜け
　　　てしまうとか、be動詞と一般動詞を一緒に使ってしまう（I am like
　　　tennis.のような英文）とか、3単現のsが抜けてしまうとか、そういっ
　　　たミスについてはどうですか？

　　　　さすがにI am like tennis.のような英文を書く生徒はいませんが、進行
　　　形のbe動詞や3単現のsが抜けてしまうという生徒は、高校生になって
　　　もまだいます。接続詞については、because は大丈夫ですが、though に
　　　ついては難しいようで、解説が必要かなと思います。
　　　　中学校の教科書に出てくるくらいの長さの英文であれば、生徒はきち
　　　んと書けるのですが、高校の教科書に出てくるくらいの長い文を書くと
　　　なると、しんどそうです。

　高校の教科書の多くは、中学校の教科書よりも本文の量が多く、一文当たりの
語数も長いです。接続詞や修飾語句、挿入句などが入ることで、文が長く複雑に
なります。そのような英文を話したり書いたりしようとすると、当たり前のこと

ですが生徒には負荷がかかります。そうすると、３単現のsや進行形のbe動詞が抜けてしまうことがあるようです。

　このことは、文法事項の習得には「段階」があることを示しています。ある文法事項を語数が少ない短い文の中で正しく使うことができるのが第一段階だとしたら、それを長い文の中でも正しく使うことができるのが次の段階ということになります（あるいはその前に別の段階があるかもしれませんが）。

 素　朴　な　疑　問　に　答　え　て　い　た　だ　き　ま　し　た

ちょっと
一休み

　生徒は文法演習問題を解くことはできるのですか？

　文法問題集に前後の文脈がない（日本語のヒントもない）状態での語句整序問題が出てきたとき、「文脈がないから（何が言いたいかについて情報がないから）、どんな英文を作ればいいか分からない」と言う生徒がいました。生徒たちは「自分が言いたいことを言うために英語を学んでいる」という意識が強いので、このような文法演習問題をやる意味を見いだせていないのだと思います。

　また、授業で和文英訳問題をやらせたとき、生徒から「別解」が続出してしまい、大変だったことがあります。その問題でターゲットになっている文法事項を使わずに英訳して、「こうも言えますよね」と聞いてくる生徒がたくさんいました。

　高校１年生の時の模試では、文法問題のセクションは全国平均以下でした（ただし他のセクションは高い）。しかし、高校３年生の模試では追い付きました。

Q３：高校に入ってから新たに学ぶ文法事項についてはどうですか？

　　まだ身に付いていないと感じるのは「助動詞＋完了形」です。例えば、must＋have＋ppを含む文の疑問文を作るときなどに、主語と助動詞をひっくり返せばよいだけなのに、それができない生徒がいたりします。助動詞もhave＋ppも、中学校で既習の文法事項なのに、それが組み合わさって出てくると難しくなってしまうようです。ただ、生徒がミスをしたときに教員が解説を加えたからといって、正しく使えるようになるという

わけではないです。

　Q2とQ3に関する情報から、中学校のときには見られなかった、高校ならではの英語学習の「壁」が浮き彫りになりました。高校に入ってからの英語学習では、中学校で学んだ文法事項が長い文の中に出てきたり、組み合わさって出てきたりします。例えば、次のような英文です（出典：三省堂、『CROWN English Communication I』New Edition 平成29年度版）。

In Japan, we started our activities in 2000 and became an NPO called Second Harvest Japan in March 2002. (p. 66, l. 2)
［過去分詞による後置修飾］

Companies saved 80 million yen because they did not have to throw away the food that they could not sell. (p. 67, l. 1)
［because、don't have to、関係代名詞that］

I also learned that the Hokule'a successfully sailed from Hawaii to Tahiti in 1976 by using traditional navigation (p. 31, l. 14)
［接続詞that、動名詞］

I felt honored when I was asked to be a crew member on the canoe from Micronesia to Japan. (p. 32, l. 10)
［when、受け身、前置詞句］

　このような「既習事項が組み合わさってできた英文」というのは、高校生にとってはなじみが薄いもので、生徒によっては「初めて出会った」と感じることさえあるかもしれません。
　南高の生徒たちの多くは南高附属中から進学していて、中学校のころに5ラウンドシステムで英語をどんどん使う授業を受けてきています。そして中3卒業時には85％が英検準2級を取得しているという実力の持ち主たちです。彼らをもってしても、高校の教科書に出てくるような「既習事項が組み合わさった英文」は、一筋縄では使いこなせない代物だということです。高校で出てくる新しい文法事項に目を向ける前に、既習事項の組み合わせに対応できるだけの英語力（基礎力）

が身に付いているかを確かめる必要があります。

素 朴 な 疑 問 に 答 え て い た だ き ま し た

高校の教科書のRetellingをやらせるとき、分量が多過ぎてやりきれないことはないですか?

本文が長過ぎる場合は、1レッスンを2分割して、音読やRetellingをやらせるようにしています。1回分の範囲を、最低でも5回くらいは音読させています。生徒がうまくRetellingができなかったときには、もう1回読んでごらん、音読してごらん、と言っています。このようにすることで、生徒は一生懸命見直しています。

Retellingって暗記じゃないんですか?

これはよく言われることです。生徒の中にも「コミュ英って暗記系だよね」と言う子もいます。ただ、外国語習得は暗記から始まると思っているので、まずは暗記でもよいと思っています。それができた上でその先に進むことは構わないと思います。

Q4：I sometimes go to near my house stand.（家の近くのフードスタンドに時々行きます）というような英文を書く生徒はいますか?

　高校生にはあまり見られません。

　南高附属中の先生方とのインタビューでは、このような英文を書いてしまう生徒が中2くらいから出てくるということでしたが、高校生になるとこのような英文を書く生徒は少なくなるようです。なぜ少なくなるかについては、今回のインタビューからは分かりませんでした。中学校に引き続いて高校に入ってからも「コミュニケーション英語」の授業で英語を使う機会が確保されていたからなのか、「英語表現」の授業で文法解説を受けたことによるものなのか、あるいはその両者の相乗効果なのか。いずれにしても、授業中に英語を使わせることが習得を促進していることは間違いないようです。

Q5：I like sport is tennis.（私が好きなスポーツはテニスです）とか、I get up is six.（私が起きるのは6時です）のような英文を書いてしまう生徒はいますか？

> I like music is better than sport.（私が好きなのはスポーツよりも音楽です）のように、比較が混ざると、このようなミスが出てきてしまうことがあると思います。

I like sport is tennis. と書いてしまう生徒は高校卒業時点ではいなくなるようですが、複数の既習事項を組み合わせて一文の中で使わなければならなくなると、日本語の語順のまま英文を作ってしまうことによるミスが出てくるようです。

素 朴 な 疑 問 に 答 え て い た だ き ま し た

生徒は自分の文法ミスにどのくらい気付けるのですか？

生徒は正確に書かなければならない場面と、そうでない場面（量を書く場面）とを分けて取り組んでいる気がします。例えば教科書のRetellingをするときは後者で、Retellingのときに自分の発話をモニタリングしている様子は見られません。教員の方もRetellingでは正確性はそこまで求めていません。ただ、生徒の誤った発言に対して正しい形で言い換えてあげることはあります。というのも、生徒たちは教員が話す英語に耳を傾けて、正しい表現を学ぼうとしていると思うからです。自分が言えなかったことを先生はどう言うんだろう？と興味を持って教員の発話を聞いているようです。

Q6：別の高校の生徒たちに、「映画を見るなら家か映画館のどちらがいいか」というお題で英作文をやらせたとき、Home is relax.（家だとリラックスできる）とかHome can talk.（家だと［映画を見ながら］話せる）といった英文を書いた生徒がいました。南高の生徒さんたちはどうですか？

> 身近な話題について話したり書いたりさせた場合には、このようなミスは見られないです。ただ、高校3年生に「安楽死はどうか」といった難しいトピックで書かせると、こういったエラーが見られることはあります。

「既習事項の組み合わせ」に加えて、「トピックの難しさ」も、日本語の影響によるミスを誘発してしまうようです。トピックが難しくなると正しく使えないということは、その既習文法事項をまだ十分に習得できていないということで、つまり、土台となる中学校英語が十分に使いこなせていないともいえます。そのような状況で、高校で新たに学ぶ文法事項を積み重ねようとしても、それは土台が不安定なところに家を建てるようなもので、当然家は建ちません。

私たちはSherpaの活動で繰り返し「基礎（中学英語）の定着が大事」と言っていますが、この「基礎」という言葉には、中学の既習文法事項が組み合わさってできている複雑な英文を処理できる力や、難しいトピックについて書いたり話したりするときでも中学英語を使いこなせる力が含まれています。

今回のインタビューを通して、授業中に生徒にどんどん英語を使わせている南高附属中であっても、「基礎の定着」を３年間で成し遂げることは難しいということが分かりました。英検準２級に多くの生徒が合格していても難しいことなのです。だからこそ、高校に入ってからも引き続き「基礎の定着」に取り組んでいかなければならないのです。

Q7：関係代名詞についてはどうですか？

学年が進むにつれて、関係詞はできるようになってきていると思います。高校２年生に教科書のレッスンサマリーを書かせたとき、やたらと関係詞を使う生徒が、特に英語ができる生徒の間に見られたのが印象的でした。スピーキングではあまり使っていないと思います。ただ、以前関係代名詞を含む英文和訳をテストに出したとき、構造を理解していないと思われる誤答がたくさん見られたので、本当に身に付いているのかなと思うところもあります。

このエピソードをお聞きしたとき、インタビューをしていた私たちは、「南高の生徒さんたちが関係代名詞をどのくらい理解できているのかを調べてみたい」と思いました。そこでインタビューの場で、「関係代名詞を含む英文の構造を生徒さんたちがどのくらい把握できているかを、実際に調べてみませんか？」とご提案しました。先生方も興味を持ってくださり、後日、この調査を行うことになりました。こちらの詳細については第３章をご覧ください。

大学入試は大丈夫なのですか？

　2期生は東大に7名、早慶は100名弱、国公立は60名くらい合格しました。当初、模試の結果を見て心配していた進路主任も、この結果を見て安心してくれました。

〈公立A高等学校・公立B高等学校〉

　ここからは、公立高校（A高校・B高校）の先生方からのエピソードをご紹介します。この2校に共通する授業の進め方は次の通りです。

・必修科目は「コミュニケーション英語」と「英語表現」である。
・「コミュニケーション英語」の授業はTANABU Model（金谷、2017）にのっとって行っていて、文法解説はほとんどしない。
・「英語表現」の授業では文法解説を行っている。

Q1：「コミュニケーション英語」の授業では文法解説をあまりしないということですが、生徒に文法は身に付くのですか？

　A高校、B高校の先生方全員が共通しておっしゃっていたのは、「授業中に英語を使わせるようにすると、生徒は英語を話したり書いたりできるようになってくる」ということでした。これはつまり、文法が身に付いているということです。また、「生徒たちが楽しそうに英語を話したり書いたりしている様子が見られるようになった」ともおっしゃっていました。そしてこれは、以前の授業スタイル（文法解説多めの授業）と比較したときにその違いが顕著であるとのことでした。

　先生方の中には、「かつては授業中に文法解説をしてあげないと、生徒は教科書の英文を理解できないのではないか、使えるようにならないのではないか、と思っていました」とおっしゃる方もいました。しかしそのような先生方も、授業中に生徒にたくさん英語を使わせるような授業スタイルに変えてみて初めて、「うちの生徒たちってこんなに楽しそうに英語を話すんだ（話せるんだ）」と気付いたそうです。そしてそんな生徒の様子を見るうちに、「文法解説をしてあげなけ

ればダメだ」という不安が徐々に弱まっていったそうです。

　また、B高校の先生は英語学習を水泳に例えて次のようにおっしゃっていました。

> 泳げるようになりたいと思ったら、プールに入って泳げばいい。泳ぎ方
> の解説を聞いても泳げるようにはならない。英語も同じなんだと思います。

　B高校のもう一人の先生は、今の授業スタイルに変えた当初を振り返って、次
のようにおっしゃっていました。

> TANABU Modelで授業をやり始めた1年目は、自分自身が文法解説を
> しないことに対して不安を感じていました。その不安が生徒にも伝染し
> ていたと思います。でも今（2年目）は、文法解説に長い時間をかける
> ことに罪悪感を抱くようになりました。今の授業スタイルに変えてから、
> 生徒たちが「コミュニケーション英語の授業は楽しい」と学級日誌に書
> いてくれるようになりました。

　さらにA高校の先生は、授業中に生徒に英語をたくさん使わせる授業スタイル
に変えてから、ご自身の「英文法の概念」が変わったとおっしゃっていました。
どのように変わったのかと尋ねたところ、次のようにおっしゃっていました。

> 理解でとどまらず、発信までできるようにさせるという意識が強くなり
> ました。特に、スピーキングのときは（リーディングと違って）、すぐ
> に使える文法知識が必要になってくるので、そういった知識をコミュニ
> ケーション英語の授業を通して身に付けさせよう、と意識するようにな
> りました。

　今回インタビューしたA高校とB高校の先生方のうち3名は、当初は解説する
時間を減らすことへの不安を感じていらっしゃったようですが、生徒の様子を見
て安心したとおっしゃっていました。今まで自分がやったことがない授業スタイ
ルを試すことは、誰にとっても勇気がいるものです。しかしまずは一歩踏み出し
て、授業中に生徒が英語を使う時間を少しでも増やしてみると、この2校の先生
方からのエピソードにあるように、生徒たちが変わっていきます。そしてそんな
生徒たちの姿が、先生方の不安を払拭してくれるのです。不安を消すには「取り
あえずやってみるしかない」ということなのかもしれません。

Q2：あまり解説しない中でも「解説している」文法事項はありますか？　それ はいつ、どのようにしていますか？　また、特に意識して「あまり解説し ていない」文法事項はありますか？

　この質問に対しては、A高校、B高校の先生方とのインタビューでは、あまり 具体的なエピソードは出てきませんでした。前述した南高と同様に、「コミュニケー ション英語」の授業ではあまり文法解説をしていないので、当然のことかもしれ ません。

　A高校とB高校の「コミュニケーション英語」の授業では、TANABU Model のワークシート（詳しくは金谷（2017）参照）を使って、本文に繰り返し触れ ながら内容理解を完結させていきます。それだけではなく、生徒たちは内容理解 が終わった後に、音読やRetellingを行います。内容を理解した後に教科書本文を 何度も音読したり、そこで学んだ表現を使ってRetellingに取り組んだりすること で、語句や表現が定着していきます。語句や表現が定着するということは、それ らをある程度のスピードを伴って使えるということでもあり、それはつまり言語 を習得しているという状態で、まさに「文法」が身に付いている状態なのです。

　このように、「コミュニケーション英語」の授業では、あまり文法解説は行っ ていないのですが、「英語表現」の授業では教科書に沿って授業を進める過程で、 文法解説も行っています。これについてB高校の先生からは、南高の先生と同じ ようなエピソードが出てきました。

> コミュニケーション英語の授業のとき、生徒たちは教科書本文のストー リーの内容は分かっているけれど文法的なことについては分からない部 分もあり、それでもなんとか音読やRetellingをしています。その後、英 語表現の授業でその箇所について文法解説すると、生徒の理解がぐっと 進む印象があります。このように科目間での連携があると、生徒は新し い表現を使うことに抵抗がなくなるのかもしれません。例えば以前だと、 英語表現の定期テストの自由英作文で、学習したばかりの文法事項をわ ざわざ使ってみるという「冒険」をする生徒は見られなかったのですが、 TANABU Model開始後は、学習した表現を果敢に使おうとする生徒が 出てきました。

　多くの高校では、「コミュニケーション英語」と「英語表現」を別々の担当者 が受け持っていると思います。そして「コミュニケーション英語」の時間内にア

ウトプット（表現）活動までやる時間がないと感じている先生方も多いと思います。さらに「英語表現」の授業でアウトプット（表現）させようとしても、ネタとなるインプットが教科書には少な過ぎて苦労しているという先生方もいらっしゃるのではないでしょうか。今回のインタビューに出てきた「コミュニケーション英語」と「英語表現」の連携・分業というやり方は、このような先生方の悩みを解消する一案になり得るのではないでしょうか。担当者が異なる科目間の連携というのは、口に出して言うほど実行に移すのは容易ではないと思いますが、部分的に（例えば1レッスン分だけでも）試してみることから始めてみてはいかがでしょうか。

　関連する事例として、山形県立新庄北高校での取り組みをご紹介したいと思います。この高校では、1年次に「コミュニケーション英語（週3時間）」と「英語表現（週2時間）」を同じ先生が担当しています。つまり、週に5時間「英語」の授業があるということです。「コミュニケーション英語」の教科書を中心に英語の授業を進めていて、各レッスンの課末問題にある文法セクションを扱うときに、「英語表現」の教科書を使って、解説や問題演習をしているそうです。このようにすることで、授業中に生徒に英語を使わせる時間をより多く確保することができます。そして、文法解説は「後づけ」です。この点は、今回私たちがインタビューした高校の先生方の授業実践と共通しています。新庄北高校の先生方は、このやり方で進めることで「授業がやりやすくなった」と感じていらっしゃるそうです。

Q3：「生徒が使えるようになった」と感じる文法事項と「生徒はまだ使えていないな」と感じる文法事項はありますか？

【A高校の先生】

　A高校では、TANABU Modelに基づいた「コミュニケーション英語」の授業を行っていて、各レッスンで教科書本文のRetellingを生徒に書かせています。書かせたRetellingは回収して授業担当教員が添削をして返却しているそうなのですが、その際に目立つ生徒のミスには、以下のようなものがあるそうです。生徒の実際の解答例と一緒にご紹介します。ちなみにこの先生は、このようなミスをプリントにまとめて生徒に配布し、授業中に解説しているそうです。「後づけ」の解説です。

・過去形で書くべきところを現在形で書いてしまう。

　（例）His neighbors do not lost hope.

　　　　He didn't tell his co-workers where he lives.

・複数形にするべきところを単数形で書いてしまう。

　（例）He did many experiment.

　　　　Astronauts from different country.

・品詞のミス

　（例）He was happiness.

・3単現のsを付け忘れてしまう。

　（例）He understand the feeling of others.

・動詞の使い方に関するミス

　（例）He is fun.（正しくはHis job is fun, so he has fun.）

　（例）He had experiments.（正しくはHe did experiments.）

・疑問文のミス

　（例）How the other team feel?

・句動詞のミス

　（例）A young girl is running down a road in pain with her clothes burned.

　　　　（正しくはburned off）

・話法のミス

　（例）He told me that my work is my vote.（正しくはHe told me his work is

　　　　his vote.）

　　さらにA高校の先生は、Retellingの添削を振り返って次のようなコメントをし
ていらっしゃいました。

　　　　　　　3単現のsについては、高1の終わりごろになると、生徒は間違いを指
　　　　　摘すればすぐに分かるようになっていると感じます。ただ、それでも間
　　　　　違いを繰り返してしまいます。また、単複のミスについては、間違いを
　　　　　指摘するたびに生徒はまるで初めて指摘されたかのような反応をするこ
　　　　　とから、生徒にとっては難しいんだろうなと思います。

　　　　　　　3単現のsや単複のミスよりも気になるのは、話法のミスです。生徒が、
　　　　　自分の視点をどこに置いたらいいのか、主語はIなのかheなのかといっ
　　　　　たことを理解できていないように思います。

添削するエラーのうち、50％が話法のミスで、３単元のsなどのミス
は10％くらいだと思います。

【B高校の先生】

　B高校でも「コミュニケーション英語」の授業では本文のRetellingをやらせて
います。生徒のRetellingを見ていて気付いたことについて、次のようなコメント
がありました。

　　教科書の英文が長文になってきて、関係代名詞や間接疑問文、接続詞で
　　節が結ばれている文などが多く出てきたときに、それをReproduction
　　sheetに書かせると、文のつながりがうまく書けずミスを起こします。
　　例えば、①such asとfor exampleの使い方の区別ができない、②because
　　やwhenの後のSVのＳが抜けてしまう、③If different types of genes are
　　combined, the immune system gets stronger.という本文をIf different
　　types of genes are combined, it is stronger(they are stronger).のように
　　書いてしまい、文の意味が変わってしまう、などです。一方で、英作文
　　は非常によく書けるようになってきており、高校１年生の初期に見られ
　　たような、単純な英文（I like soccer. I play soccer every day.）を書く
　　生徒はほとんど見られなくなりました。

　前述した南高の先生方からのエピソードでも、既習事項が組み合わさって一文
の中に出てくることの難しさが語られていましたが、B高校の先生のこのエピソー
ドからも、高校英語の「壁」に苦しむ生徒の様子がうかがえます。

素　朴　な　疑　問　に　答　え　て　い　た　だ　き　ま　し　た

ちょっと
一休み
　「コミュニケーション英語」の授業中に文法解説をあまり行わないこと
　　について、他の同僚の先生方からの反対はなかったのですか？
　表立って言われませんでしたが、不安は感じていたと思います。授業中
に英語を使わせる時間を増やすことで、１年生の１学期は全然英語が書け
なかった生徒たちが、２年生になるとたくさん書けるようになるというこ
とを示して安心してもらいました。

〈青森県立田名部高等学校〉

　田名部高校の先生方には直接インタビューをする機会がなかったので、メールで次のような質問をお送りし、お返事をいただきました。

Q：TANABU Model（あるいはそれに準ずる授業）をこれまで実施してきた中で、「生徒が使えるようになった」と思う文法事項はありますか？　逆に、「まだこれは使えていないな」と思う文法事項はありますか？　特定の文法事項に限らず、下記の例を参考にしていただき、お書きください。

（例1）　比較級をmore coldとかmore colderと言ってしまうようなミスは、高校2年生になっても結構よく見られると思う。

（例2）　「Yesterday was interesting. （昨日は楽しかった）」とか、「I get up is six. （私が起きたのは6時です）」いうような、日本語の語順で英文を書いてしまうようなミスは、英作文の中で頻繁に出てくる。

（例3）　「I was sick because I was absent from school. （私は調子が悪かったので学校を休みました）」というような、接続詞を含んだ文の語順ミスは、比較的英語ができない生徒の間で見られる気がする。

生徒が使えるようになったと思うこと

　3年生担当の先生方からは、次のようなコメントが寄せられました。

> "S＋V〜."で「S」を脱落させる生徒はかなり少なくなってきたように思う。

> 「Vocabulary scanning sheet」を使って語句をかたまりでインプットするので、まったく話せない、書けないという生徒は極めて少ないという印象がある。

> 統語感覚は養われたと思う。

> 動名詞や形式主語（It is 〜 for ... to do）を英作文で使う生徒が増えた。

> 仮定法を使うことに挑戦している生徒も見られる。

　2年生担当の先生からは、次のようなコメントが寄せられました。

高校2年になって、SVOCのmakeとIt is 形容詞 for 人 to doは英作文で
よく使っているのを見る。

まだ使えていないと思うこと

　先生方から寄せられたコメントを、学年別に見てみましょう。

＜3年生担当の先生方＞
　　"I am fun."のようなエラーは高校3年生になった今でも見られる。
　　関係代名詞を使っている生徒はいるが、正確性には欠けるところがある。
　　3単現のsが苦手な生徒もまだいる。
　　I was stolen my bag.のように受け身の文が苦手な生徒もまだいる。
　　例3（I was sick because I was absent from school.）のような間違いは、
　　英語が苦手な生徒に多い。

＜2年生担当の先生方＞
　　日本語の語順で英文を書いてしまうようなミスは、英語が不得意な生徒
　　の英作文の中で頻繁に出てくる。

＜1年生担当の先生方＞
　　1年次の段階では、まだ使えるようになったなと思う文法は特にない。
　　ただ、書ける語数が増えてきたと感じる。

　さらに、TANABU Modelによる授業を最も長く担当していらっしゃる先生か
らは、"I am fun."のような生徒のミスにどのように対応するかについて、次の
ようなコメントをいただきました。

　　I am fun.のようなミスについては、良いのか悪いのかは分かりませんが、
　　これまで訂正してきませんでした。これから先、英語に触れていて自分
　　自身で誤りに気付いた時が直る時だと考えています。ただし、明示的に
　　指導した方が直りが早い分野が明らかになれば、その分野は明示的に指
　　導したいと考えています。

文法解説の話は、「解説する」「解説しない」の二者択一で語られるべきもので
はなく、この先生からのコメントにあるように、文法事項によって解説した方が
よいものと、解説しても役に立たないものがあるのかもしれません。この点につ
いては、第4章で深掘りします。

素　朴　な　疑　問　に　答　え　て　い　た　だ　き　ま　し　た

ライティングの添削ってどうしているの？

＜田名部高校＞

　Retellingを書かせて集めるときは、「添削してほしい文」を生徒に一つ
選ばせ、下線を引かせています。教員はその英文のみにフィードバックし、
それ以外のところは、どんなに直したくても手を出さないようにしています。

＜B高校＞

　自由英作文は各学期に100語程度のものを5回ほど提出させています。
1stドラフトを提出させ、JETが約20個あるエラーシンボル[1]に基づいて英
文をチェックし、該当箇所にマークを記していきます。生徒は返却された後、
それらのエラーシンボルを頼りに自分のミスを直して，2ndドラフトを完
成させて再提出します。再びJETがチェックして返却します。生徒は2nd
ドラフトを提出した時点でポイントを獲得します。1stドラフトのみの提出
では点数にはなりません。

おわりに

　この章では、生徒に英語を使わせることに主眼を置いた授業を行っている先生
方へのインタビューから、英語を使わせながらどのように「文法」を「教えて」
いるのか、そしてそのような授業を受けた生徒の英語力はどのように変化してい
くのか、という疑問への答えを探りました。分かったことの中で、特に注目すべ
きだと思うことを最後に再掲します。

※1　直すべきエラーリストの項目ごとの記号。

＜英語を使わせながらどのように「文法」を「教えて」いるのか＞

・文法解説は「導入型」ではなく「後出し」。たくさん触れさせ、使わせた後で、
　ルールを整理したり（主に中学校）解説したり（主に高校）する時間を作る。

＜生徒の英語力はどのように変化していくのか＞

・中学校では、中３の時点で中１、中２で学んだ文法事項については、話した
　り書いたりする中で生徒はよく使うようになる。また、中３で学ぶ文法事項
　については、中３の時点では読んだり聞いたりすることはできるが、話した
　り書いたりする中ではあまり使っていない。

・中３で学ぶ文法事項が高校に入ってからどのように身に付いていくかについ
　ては、はっきりとした情報は得られなかった（この点については、一部追加
　で調査を行ったので、第３章を参照）。

　この章では、インタビューに協力してくださった先生方が、日々の授業の中で
生徒が英語を使う様子を見る中で気が付いたことを、エピソードとして語ってい
ただいた内容をご紹介しました。今回得られた情報は、基本的には授業担当者の
先生方の主観に基づいたエピソードなのですが、読者の皆さんに、英語を使わせ
ながら「文法」を「教える」授業のイメージが少しでも伝わってくれればと思い
ます。

　次の章では、英語を使わせながら「文法」を「教える」授業を通して、生徒の
英語力がどのように伸びていくかを、客観的なデータとともにご紹介します。

中3で導入した文法事項は高校でどのように身に付くか?

Contents

中3で導入した文法事項は高校でどのように身に付くか?
Part 1
後置修飾を含む名詞句の理解の発達プロセス

鈴木祐一（神奈川大学准教授）

中3で導入された文法項目は高校で身に付くのか？

　第2章では、文法解説より活動により多くの時間を使う授業を受けながら英語を学んだ生徒たちが、どのように文法を身に付けていくのかを明らかにするためインタビュー調査を行いました。その結果、中学校1・2年生で学ぶ文法事項は、中学校卒業時にはおおむね身に付いているようであるということが明らかになりました。しかし、中学校3年生で導入される文法事項に関しては、どこまで身に付いているか、はっきりとしたことは分かりませんでした。横浜市立南高等学校附属中学校（以下、南高附属中）のように、文法解説の割合が少なくても活動が多ければ、文法習得が進んでいくのでしょうか。

　中学校3年で学ぶ文法事項（例えば、分詞や関係代名詞など）の習得は、中学校で完了するのではなく、高校でも引き続き学習し、深めていく必要があるものでしょう。つまり、導入から習得にかかるまでに時差があることを見越して、中学で習得の途中段階だった文法項目を高校生で調べてみる必要があります。

　しかし、どのように身に付いていくかを調べることはたやすくありません。このような複雑な文法項目は、生徒の発話などを観察していても、なかなか頻繁に耳にすることはありません。なぜなら、シンプルな文法だけでも十分に意思を伝えることができるので書いたり話したりするときに難しい文法項目は回避されたりすることがあるからです。そのため、私たち調査する側が、特定の文法項目に絞って、その文法項目の理解度を測るツールを使う必要があります。この章のPart 1では、二つのテストを用いて、中3で導入された文法項目が、高校でどのように習得されていくのかを調べた調査結果をご報告します。

なぜ後置修飾（分詞と関係代名詞）を選んだか

　中3で学ぶ文法事項はいろいろありますが、今回の調査では、ターゲットとして分詞と関係代名詞を含む後置修飾を選びました。なぜこの項目を選んだかと言うと、高校における英語学習の鍵となると考えているからです。理由は二つあります。

　第一に、分詞や関係代名詞は名詞とくっついて、大きなかたまり（名詞句）を形成します。その名詞句は、文の中で重要な位置を占めています。例えば、以下のような文で、後置修飾を含む主語が長くなる場合、生徒はどこまでが主語なのかを把握することが難しいようです。

The crew members who were on the Hokule'a were busy.
（三省堂,『CROWN English Communication I』平成29年度版 Lesson 3, p. 34, ll. 1-2）

　主語がどこまでかを把握することは、主語・動詞・目的語という文の成分を理解することにつながり、リーディングやリスニング、さらにはライティングやスピーキングという発信面でも役立ちます。つまり、後置修飾を含む名詞句の理解は、4技能を下支えする知識といえます。

　第二に、分詞と関係代名詞は名詞を後ろから説明する後置修飾を含むため、習得が困難だという点が挙げられます。

<u>ケンが食べた</u>りんご
The apple that Ken ate

　日本語には後置修飾というものはなく、全てが前置修飾です。そのため、日本語と英語の語順が大きく異なり、日本語を母語とする生徒が、分詞や関係代名詞を学ぶ上で、その習得が難しくなるということが分かっています。インタビュー調査をしている際に、横浜市立南高等学校（以下、南高）の教員からも、「関係代名詞を含む英文和訳をテストに出したとき、構造を理解できていないと思う解答がたくさん見られたことがあった。学年が進むにつれて関係代名詞は使えるよ

うになっていると思うが…」という意見を聞きました。このような疑問にも答えるべく、調査を行うこととしました。

【ポイント】

- ●中3で導入された文法項目の中でも、分詞や関係代名詞を含む名詞句を理解することは高校での英語学習を進める上で鍵になる。
- ●南高の教員も気になっている分詞や関係代名詞などの後置修飾を含む名詞句の理解がどのように進んでいくかを調査することにした。

調査の目的

本調査の目的は、文法解説を比較的行っていないインタビュー対象の高校の生徒が、中3で導入される名詞句（分詞と関係代名詞を含むもの）をどの程度理解しているかを明らかにすることです。

中3で導入される名詞句の理解度がどのように進んでいるかを調べるために、以下の二つの学校に通う高校生を対象として調査を実施しました。南高では、高1と高2の2学年に、青森県立田名部高等学校（以下、田名部高校）では3学年全てに実施しました。

- ●南高（偏差値68［中学］、偏差値62［高校］）
   1年生177名、2年生181名
- ●田名部高校（偏差値53）
   1年生190名、2年生191名、3年生186名

今回の調査は、インタビュー調査で明らかにできなかった中3の導入文法事項の習得状況を明らかにすることが目的です。そのため、包括的な調査ではありません。また、背景や特質がまったく異なる学校間の比較を行うこともしません。そのため、次のように、南高と田名部高校それぞれに関して、調査の問いを別々に立てて、調査を実施しました。

1．南高のデータ[2]からは、中学校で文法解説を先に行っていない生徒が高校生になり、どの程度名詞句理解が進んでいるか。
2．田名部高校のデータからは、高校の英語コミュニケーションの授業で文法解説をほとんど受けていない（英語表現は除く）生徒は、どの程度名詞句理解が進んでいるか。

調査1：後置修飾は本当に理解できているか？

調査方法——FMテスト

　関係代名詞（目的格）および現在分詞を含む句・節が後置修飾をしていることが分からないと意味を取れない（正答にたどり着けない）というテストの仕掛けを考える必要がありました。より専門的な言い方をすると、名詞句の中の主要部の名詞(head noun)が関係代名詞や分詞を含む節から修飾されていることを理解できているかを測定できるテストが必要でした。そこで、Morimoto（2005）を参考に、Form-Meaning（FM）テストを作成しました。FMとは、形式（form）から意味（meaning）を把握できるかを測ることができるということ指します。

　以下にテスト問題2問（現在分詞と関係代名詞）を提示します[3]。

(1) The lady looking at the red dress is beautiful.
　　問題：美しいのは？
　　(a) 女性　(b) ドレス　(c) 女性とドレスの両方　(d) 分からない
　　→　正解は(a)

(2) John opened the door Mary closed.
　　問題：ドアはどうなっている？
　　(a) 開いている　(b) 閉まっている　(c) 分からない
　　→　正解は(a)

※2　今回は都合上、南高附属中からの内進生と高校から入学した生徒を合わせた分析を報告しています。
※3　上記の2問に加えて、別の問題2問も一緒に出題しましたが、今回の調査の主な目的からは外れるため、分析の対象外としました。全ての問題は付録を参照してください。

調査結果

FMテストでは、分詞と関係代名詞の理解度をそれぞれ1問ずつの問題で測っています。そのため、以下それぞれの問題に正答できた生徒の割合を示します。

現在分詞を理解している生徒の割合

【南高】

南高では、高1の段階では約半数の生徒しか、分詞を含む後置修飾の意味を正確に捉えることができていませんでしたが、高2になり、約90％の生徒が理解できるようになっています。

【田名部高校】

田名部高校では、高1の段階で、理解できている生徒が約30％、そして高2と高3では約40％でした。

図4 ● FMテストの正答率（現在分詞の理解）

(1) The lady looking at the red dress is beautiful.
　　問題：美しいのは？→正解の(a) 女性を選んだ生徒の割合（%）

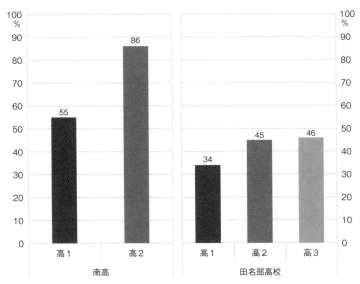

関係代名詞・目的格を理解している生徒の割合

【南高】

　南高では、高１の段階では55%の生徒が意味を正確に捉えることができるようでしたが、高２では85%の生徒が理解できるようになっています。

【田名部高校】

　田名部高校では、高１の段階で、理解できている生徒が約30%、そして高２と高３では約50%でした。

図5 ● FMテストの正答率（関係代名詞・目的格の理解）

(2) John opened the door Mary closed.
　　問題：ドアはどうなっている？→正解の(a) 開いているを選んだ生徒の割合（%）

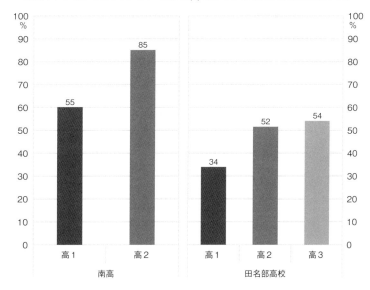

> ● インタビュー対象の南高、田名部高校の生徒にFMテストを受けてもらい、中学３年で導入される分詞と関係代名詞を含む名詞句の理解度を測った。
> ● 高校の１年生から２年生にかけて、分詞と関係代名詞の理解度が高まっていることが確認できた。
> ● 南高では、高２では約９割の生徒が後置修飾を含む名詞句の内部の構造を理解し、その意味を正確に把握できている。
> ● 田名部高校では、後置修飾を含む名詞句の意味を正確に把握できている生徒の割合は、高１（３割）から高２（５割）へ増加しているように見え、高３との差はあまりないようである。

調査２：主語に含まれる後置修飾のカタマリを把握できるか？

高校生には、もっと詳しく調べてみる必要性

　FMテストは、分詞の現在分詞と関係代名詞の目的格をそれぞれ問題１問だけで、理解度の調査をしました。しかし、高校生を対象にした今回の調査では、後置修飾の理解についてもう少し詳しく調べてみる必要があると考えました。

　高校では、中３で導入された後置修飾（分詞と関係代名詞）が、高校で「発展的に」扱われます。ここで言う「発展的」とは、二つの意味があります。一つは、高校では、関係代名詞の非制限用法や分詞構文というように、中学校で導入された関係代名詞と分詞の「親戚」的な感じで新しく導入されることです。

　二つ目の「発展的」の意味は、もっと重要で、中学校の教科書とは異なり、高校の教科書では、中学の関係代名詞と分詞が、他のさまざまな文法事項と組み合わさった形で出てくるということです。このことから、同じ中学の文法項目ではあっても、生徒が読んだり、聞いたりするときの負荷がグンと上がってしまうわけです。例えば、以下の高校検定教科書の１パラグラフを読んでみてください。

The "airplane" is probably a model of an insect or a bird. But some people believe that a model built to this design could actually fly. In the 1990's, a model

of the Quimbaya airplane with an engine attached was able to get off the ground.
（三省堂，『CROWN English Communication II』平成30年度版 Lesson 3, p. 36, ll. 6-10）

　この中から名詞句を抜粋すると、a model built to this designは、some people believe thatというthat節の中に埋め込まれていて、文全体として複雑になっています。

　さらに、a model of the Quimbaya airplane with an engine attachedという主語名詞は、10語から成り立っていて、この長い主語を読んでいる途中で息切れしてしまう生徒がたくさんいることでしょう。実際、高校ではこのような長い主語がたくさん出てきます。検定教科書を対象にした調査では、中学校の名詞句の平均的な長さは1.85語で、中3の教科書では、6語以上の名詞句は32回しか出ていなかったものが、高1の教科書では146回と一気に増加することが明らかにされています（Tsunashima, 2018）。このような長い名詞句は高校の教科書に出る頻度が桁違いに多いため、どれくらい生徒が理解できるのかを調べる必要があると考えました。

調査方法——KBテスト

　主語位置における長い名詞句の理解度を測るために、FMテストとは別のテストを用いることにしました。具体的には、すでに研究で開発されているKoukousei Billy's (KB) Test（＝KBテスト）（鈴木＆臼倉, 2018）を使い、【現在分詞】、【過去分詞】、【関係代名詞・主格】、【関係代名詞・目的格】の理解度を調べました。KBテストとは、主語位置の名詞句のかたまりを捉える文法知識を測るために作られたテストです。形式はシンプルです。文の中でのメインとなる動詞が抜き取られた文を読ませて、その動詞を元の位置に正しく戻せるかを調べることができます。

　今回の分析対象となる文法構造に関わる問題の一部の例を再掲します。

【現在分詞】The ① dog ② running ③ fast ④ in ⑤ the ⑥ garden ⑦ big ⑧. (is)
【過去分詞】The ① book ② written ③ in ④ English ⑤ difficult ⑥. (is)
【関係代名詞・主格】The ① teacher ② who ③ likes ④ basketball ⑤ the ⑥ piano ⑦. (plays)
【関係代名詞・目的格】The ① man ② who(whom) ③ she ④ called ⑤. (cried)

このような形式を取ることで、文の主語位置にある名詞句の境界を把握する能力を測定することができます。元のKBテストは全部で65問ですが、テスト実施時間の制約から、今回の調査用にそれぞれの文法項目に関する問題数が均等になるように、33問のテストを作成しました。（付録参照）

　このKBテスト（約13分）を先ほどのFMテストを受けた生徒たちに受けてもらいました。そして、南高と田名部高校に加えて、筆者の関わっている調査における私立A高校のKBテストの経年変化の結果も参照点として報告します（関東甲信越英語教育学会研究推進委員会, 2018, 2019）。私立A高校はクラスによってさまざまなタイプの英語授業が展開されており、南高や田名部高校のように特定の授業モデルが継続的に実践されているわけではありません。この高校に通う生徒が日本人英語学習者を代表とするような典型的な高校生であるということも分かりませんが、高1から高2までの英語授業の2年間で名詞句の理解度がどの程度伸びるかのイメージをつかんでいただくために、結果を一緒に報告します。私立A高校の2年間の伸びを見れば分かりますが、その伸び方は極めて緩やかです（図6〜9）。これだけゆっくりと理解が進んでいくということが普通であるということを頭に入れて結果を見ていただければと思います。

調査結果
現在分詞と過去分詞を理解している生徒の割合

【南高】

　南高では、現在分詞に関して、高1の2学期では、73%だった正答率が、1年後の高2の2学期では90%となり、ほぼ満点に近くなりました。過去分詞に関しても、高1（57%）から高2（78%）までで21%の差がありました。もちろん同じ生徒の経年変化データではないため、解釈には注意が必要ですが、このような急速な変化は、私立A高校では見られなかった傾向です。南高では、分詞に関する理解は高校2年生になるところで、かなり多くの生徒が理解できるようになっているといえるでしょう。

【田名部高校】

　田名部高校では、現在分詞に関して、高１（49％）→高２（55％）→高３（64％）という比較的緩やかな伸びが見受けられました。これは私立Ａ高校のように１年間で約10％の伸びが見られたという傾向と一致しています。一方、過去分詞に関しては、高１と高２にはほとんど差がなく（ともに45％）、高３の正答率が54％で、約10％の差が見られました。高２の２学期の正答率を、田名部高校と私立Ａ高校で比較すると、現在分詞に関しては田名部高校の方が高く、過去分詞に関しては私立Ａ高校の方が高いという結果になりました。【分詞】という大きなカテゴリーで見ると、お互いが相殺しあって、差はほとんどなくなるようです。つまり、TANABU Modelを使ったコミュニケーション英語の授業で、明示的な文法解説を頻繁に行っていないことで、名詞句理解に大きな支障が出ているというようなことはなさそうだといえるかもしれません。

図6 ● KBテストの正答率（現在分詞）

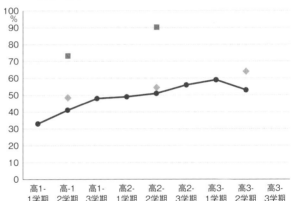

	高1- 1学期	高-1 2学期	高1- 3学期	高2- 1学期	高2- 2学期	高2- 3学期	高3- 1学期	高3- 2学期	高3- 3学期
私立Ａ高校	33	41	48	49	51	56	59	53	
南　　　高		73			90				
田名部高校		49			55			64	

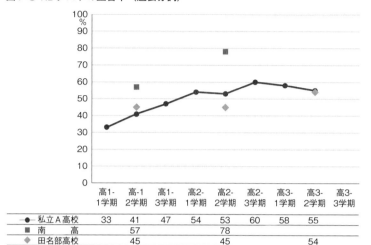

図7 ● KBテストの正答率（過去分詞）

	高1-1学期	高1-2学期	高1-3学期	高2-1学期	高2-2学期	高2-3学期	高3-1学期	高3-2学期	高3-3学期
─●─ 私立A高校	33	41	47	54	53	60	58	55	
■ 南　　高		57			78				
◆ 田名部高校		45			45			54	

関係代名詞の主格と目的格を理解している生徒の割合

【南高】

　南高では、関係代名詞の主格は高1（41％）と高2（68％）で、大きな差がありました。関係代名詞の目的格に関しても、高1（28％）と高2（53％）で、大きな変化が見られるようです。南高の生徒は、「関係代名詞を含む英文和訳をテストに出したとき、構造を理解できていないと思う解答がたくさん見られたことがあった」というインタビューでの南高の教員の発言を裏付けるように、高1の段階ではまだ関係代名詞の理解ができていなかったようですが、高2になるとグンと理解が進んでいる傾向が見られました。分詞のときと同様に、私立A高校と比較すると、高1時点から正答率がもともと高く、その伸びも大きいことが分かります。

【田名部高校】

　田名部高校では、関係代名詞の主格で、高1（16％）→高2（30％）→高3（33％）という正答率でした。目的格では、高1（13％）→高2（23％）→高3（27％）でした。共通して、高2と高3の差よりも、高1から高2の差の方が大きいようです。この違いは、高1から高2にかけて理解がもっと進みやすいということを

示唆しますが、たまたま高２の生徒の方が高３の生徒よりも英語が得意な生徒が多かったなどの他の理由があるかもしれませんので、解釈には注意が必要です。しかし、高１から高２への伸び率に関してだけ言えば、私立Ａ高校の変化（高１の２学期から高２の２学期）が10％前後であることを考えると、その伸び率は同等かそれ以上といえるかもしれません。

図8 ● KBテストの正答率（関係代名詞・主格）

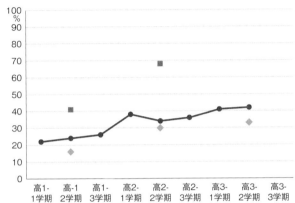

	高1-1学期	高-1 2学期	高1-3学期	高2-1学期	高2-2学期	高2-3学期	高3-1学期	高3-2学期	高3-3学期
● 私立Ａ高校	22	24	26	38	34	36	41	42	
■ 南　　　高		41			68				
◆ 田名部高校		16			30			33	

図9 ● KBテストの正答率（関係代名詞・目的格）

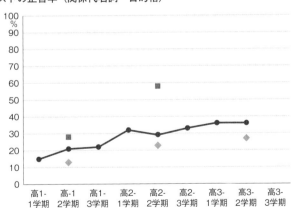

	高1-1学期	高-1 2学期	高1-3学期	高2-1学期	高2-2学期	高2-3学期	高3-1学期	高3-2学期	高3-3学期
● 私立Ａ高校	15	21	22	32	29	33	36	36	
■ 南　　　高		28			53				
◆ 田名部高校		13			23			27	

【ポイント】

● 全体的に、文法解説をあまりしなくても、名詞句理解の発達プロセスに大きな悪影響はないことを示唆しているようだ。
● 南高では、高1から高2にかけて、名詞句理解の大きな伸びが見られた。特に、分詞の理解度は高2の時点で8割を超えている。
● 田名部高校では、縦断研究で調査されている私立A高校（偏差値が、田名部高校と同等かそれよりも高い）とほぼ同等の発達が見られた。

調査3：横浜市立南高等学校附属中学校の中学生はどうか？

中1と中2で導入された文法の理解度

　今回の調査は、中3で導入される分詞や関係代名詞を含む名詞句理解を調べましたが、そもそもその前の段階（中1と中2）で導入されている名詞句の理解度はどうだったかも最後に確認しておきます。ここで紹介する調査は、Billy's Testという紙ベースのテストが使われました（KB［Koukousei Billy's］Testの元祖である中学生用テストです）。元祖Billy's Testは、中学校1～2年で導入された 四つの文法項目（名詞句構造）の理解度をターゲットとしています。

A）Thisで始まる名詞句（例：This picture）
B）Whichで始まる名詞句（例：Which song）
C）前置詞句の後置修飾（例：the DVD about Kyoto）
D）to不定詞の後置修飾（例：the park to play baseball）

　KBテストと同様に、Billy's Testでは、isが抜けた文が提示され、isを元の場所に戻させせる動詞挿入問題形式になっています。

【Billy's Test問題例】
This 1 picture 2 very 3 beautiful. (is)　正答2
Which 1 Chinese 2 song 3 famous 4 in 5 Japan? (is)　正答3
The 1 big 2 stadium 3 in 4 our 5 city 6 nice. (is)　正答6

The 1 green 2 skirt 3 to 4 wear 5 tonight 6 very 7 cute. (is)　正答6

(https://tb.sanseido-publ.co.jp/english/books/class/BillysTest.pdfより)

結果

　今回のインタビューの対象校である南高附属中の生徒を対象にして、Billy's Testを1年2学期（第1回）から3年3学期（第8回）まで実施した結果を図10にまとめました（砂田, 2017）。

　同じ図10に、別の公立A中学校（金谷, 2015）の平均値を、比較対象として載せています。公立A中学校では、中1の2学期は平均正答率が26.8％、中2の1学期では39.9％、中3の3学期でも49.9％でした。中学校で導入された名詞句構造の習得は中学校の3年間では終わらないようです。

　一方、南高附属中では、第1回の中1の2学期から正答率が70％を超えており、卒業時には約90％に達していることが分かりました。第1回の時点で南高附属中の成績が高いという点は、南高附属中への入学のための選抜入試により、学力試験で選ばれた生徒だったという点が大きいと思われます。一方、南高附属中と公立A中学校の違いを考えることは、本稿の目的ではありません。ここで一番大事なポイントは、南高附属中の生徒たちは、ほとんど文法解説を受けていないのにもかかわらず、順調に名詞句の理解が進んでいたという点です。英語でのやりとりと大量のプラクティスなどを行った結果、文法解説をベッタリ行わなくても、名詞句に関する文法知識が習得されていく点は特筆すべきことだと思います。

図10 ● Billy's Testの結果比較

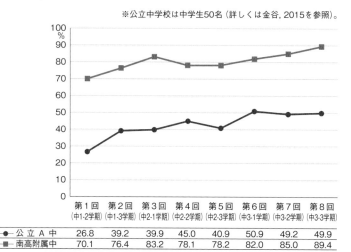

※公立中学校は中学生50名（詳しくは金谷, 2015を参照）。

	第1回 (中1-2学期)	第2回 (中1-3学期)	第3回 (中2-1学期)	第4回 (中2-2学期)	第5回 (中2-3学期)	第6回 (中3-1学期)	第7回 (中3-2学期)	第8回 (中3-3学期)
公立A中	26.8	39.2	39.9	45.0	40.9	50.9	49.2	49.9
南高附属中	70.1	76.4	83.2	78.1	78.2	82.0	85.0	89.4

　上記の結果は、今回の南高附属中の教員インタビューで明らかになった「解説をほとんどしなくても、中1と中2で学んだ文法は使いこなせるくらい身に付いている」ということを客観的なデータで支持する一つの証拠になると思います。前置修飾を含む名詞句（例：this picture、which song）や後置修飾を含む名詞句（例：the DVD about Kyoto、the park to play baseball）という中1と中2で導入される名詞句は十分に中学校の間に身に付いているようです。

【ポイント】

- ●中1と中2で導入される名詞句の理解度を測るBilly's Testを実施した調査では、ある公立中学校卒業時の平均得点は約50%だが、南高附属中の平均得点は約90%。
- ●南高附属中では、解説をほとんどしなくても、中1と中2で導入される名詞句の理解はしっかりとできるようになることを示している。

最後に

　今回のFMテスト・KBテストを用いた調査で分かったことを簡潔にまとめます。

　まず、南高に関しては、中学校で明示的な解説を先に受けなくても、中３で学ぶ分詞や関係代名詞という日本人にとっても難しい文法項目は、高校での（明示的解説を含む）英語指導を受けながらかなり理解できるようになることが分かりました。中３で学ぶものが、高校で着実に習得が進んでいくというのは、一つの安心材料になるのではないかと考えます。

　田名部高校に関しては、高校のコミュニケーション英語の授業で明示的な文法解説が極力控えられているのにもかかわらず（英語表現では解説有り）、後置修飾に関する理解は徐々に進んでいることが確認できました。これらの結果は、明示的な解説の量を減らしても、その分英語を使うことに十分時間を使うことで、中３で学ぶような文法項目の習得が止まることはないことを支持する一つのささやかなデータとなるのではないかと考えます。

引用文献　金谷憲・小林美音・告かおり・贅山悠・羽山恵 (2015)『中学英語いつ卒業？　中学生の主語把握プロセス』三省堂

関東甲信越英語教育学会研究推進委員会 (2018)「日本人高校生の名詞句把握能力はどのように伸びていくのか－縦断的研究からみえてくること－」Paper presented at the 全国英語教育学会研究大会，京都．2018年8月25日

関東甲信越英語教育学会研究推進委員会 (2019)「日本人高校生の名詞句把握能力はどのように伸びていくのか 第2弾－名詞句把握テストとライティングテストから見えてくること－」Paper presented at the 全国英語教育学会研究大会，弘前．2019年8月17日

鈴木祐一 & 臼倉美里 (2018)「日本の高校生の英語名詞句構造の把握能力—Koukousei Billy's (KB)テストの開発—」Studies in Japan Association for Language Education and Technology, 11, 23-47. Retrieved from http://www.mizumot.com//method/11-02_Suzuki_Usukura.pdf

砂田緑 (2017)「生徒の英語力の変容－名詞句の習得を測るBilly's testの結果から」金谷憲（監修・編）『英語運用力が伸びる5ラウンドシステムの英語授業』(pp. 133-142). 東京：大修館書店

Morimoto, S. (2005). Japanese EFL learners and English postpositive modification: SVO constraints on noun phrase structure. *KATE Bulletin*, 19, 115-126.

Tsunashima, Y. (2018). Analyses of noun phrases appearing in junior or senior high school textbooks. (Unpublished BA thesis), Dokkyo University, Saitama, Japan.

中3で導入した文法事項は高校でどのように身に付くか?
Part 2
英作文に見る文法の発達の様子

大田悦子（東洋大学准教授）

はじめに

　ここまで、インタビュー（第2章）とFMテスト・KBテスト（第3章 Part 1）を見てきました。そこでの回答やテスト結果から、授業で文法解説をほとんど／あまりやらなくても、その分「意味のやりとり」や音読・リテリング（Retelling）をたくさん行うことで、中学生・高校生の文法の習得にブレーキがかかることはないと分かりました。また、このようなアプローチが、生徒の学習へのモチベーション向上や教師の指導観の変容にも大きく寄与していることも見えてきました。

　特に、横浜市立南高等学校附属中学校（以下、南高附属中）では、中学校卒業までに、中1・中2で学ぶ文法事項はかなりの程度「使える」ようになるということ、中3で導入される文法事項のうち、分詞・関係代名詞を含む後置修飾は、「理解」に限定すれば、高2の時点で分詞80〜90％、関係代名詞60％前後に達することも分かりました。ただし、こういうことが起こり得るためには、生徒の活動量が十分に確保されているという前提が必要です。

　青森県立田名部高等学校（以下、田名部高校）においても、横浜市立南高等学校（以下、南高）と比べるとペースは遅いものの、（中学の指導形態は未確認ですが）高校で英語を練習する機会を十分に与えられていることで後置修飾の「理解」は少しずつ進んでいく、つまり「コミュニケーション英語」で明示的な文法解説をあまり受けていなくても、それが不利に働いているわけではないことが分かりました。

次に見るのは？

　FMテスト・KBテストを通して、高校生の中学文法の「理解」度合いが見えてきました。次は、生徒の英作文を使って「使用」度合いを見ていきます。

　ただし、この先の対象は、田名部高校の英作文です。本当なら、インタビューやKBテストに参加した全学校の生徒の英作文を対象にすべきでしょう。そういう意味ではデータに偏りがあります。ただ、少量であっても、特定の学校のデータであっても、生徒の３カ年の「成長」を垣間見るには、大変貴重な情報といえます。

　今回、田名部高校の先生方から2019年度 ３年生の１年時（６月）・２年時（６月）・３年時（６月）の過去３回分の英作文（外部英語検定のライティングデータ）をお借りしました。このデータを通して、田名部高校生が「使うことのできる」文法にはどんなものがあるか、彼らが自発的に使う文法はいつごろ習ったものなのか、を観察していくことにします。

　田名部高校生の中３導入文法項目KBテストの結果を振り返りましょう。

分詞句（現在分詞）	49%（１年） →55%（２年） →64%（３年）
分詞句（過去分詞）	45%（１年） →45%（２年） →54%（３年）
関係代名詞節（主格）	16%（１年） →30%（２年） →33%（３年）
関係代名詞節（目的格）	13%（１年） →23%（２年） →27%（３年）

　繰り返しになりますが、これらは「理解度」です。なぜそれを再確認したかというと、これから見ていく文法の「使用度」は「理解度」を超えることはない、ということを踏まえておくためです。

　言語習得において、音声や文字を通して「触れる」情報（＝インプット）の全てを、頭に「取り込む」こと（＝インテイク）はできません。触れても気付かなければ、頭に残らないからです。また、気付いて注意を向け頭に残したものでも、その全てを臨機応変に「使える」（＝アウトプット）わけでもありません。インプット→インテイク→アウトプットの順に、その量は少なくなるのです。

図11 ● 外国語習得のメカニズム（イメージ）

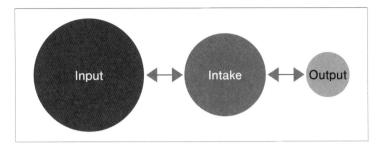

　本書では、活動を多く行うことがいかに大事か、ここまで一貫して強調してきました。このPart 2でも注目するのはアウトプット（英作文）です。ただ、インプットを多く与えることの大切さも、併せて心にとどめておいてください。

英作文の何を見る?

1) データの種類と分析件数

　田名部高校2017年度1年生（計5クラス）の中の1クラスを選び、その生徒たち（40名）の3カ年（2017年度6月時 / 2018年度6月時 / 2019年度6月時）の外部英語検定のライティングデータを対象としました。

2) 分析対象とした文法項目・観点

a) 分詞（現在分詞・過去分詞）
b) 関係代名詞（主格・目的格・接触節）

　Part 1のKBテストと同じく、中3で導入した文法事項「後置修飾を含む名詞句」をここでも対象としました。これらの項目を、40名中何名が英作文の中で使用しているかをカウントしました（※2019年度については、その40名のうち6名が不受験だったため、3年時のみ、分析データは34名分です）。
　今回の焦点は、ターゲットの文法項目が正しく使われたか否かです。よって、文の中に意味理解には支障ないと判断できる誤り（ex. 冠詞の有無、動詞3単現-sや名詞複数形-sの脱落、動詞格変化の誤用、前置詞の誤用や脱落など）につい

ては、許容しました。

田名部高校生のKBテストの正答率は、

分詞　　　　　高1→高3で、4割→5割
関係代名詞　　高1→高3で、1割→3割

と推移しています。同一生徒の経年変化ではないものの、その割合が上昇していることから、学年が上がると少しずつ理解できる生徒も増えていきそう、と期待が持てます。しかし、見方を変えれば、高3になっても残り半分（以上）の生徒は、意味のかたまり（主語がどこからどこまでか）を把握できていないともいえます。「使用」という切り口で見た場合、自発的に使える生徒はどれくらいいるのでしょう？

3) タスクの形式・トピック・時間

与えられたテーマに対し、自分の考えや経験をベースに、20分で意見や理由を英語で記述するタスクです。今回分析に使用した英作文の各回のトピックは、以下の通りです。

1年時：自分にとって重要だと思う人物（＋理由）
2年時：海外留学について賛成か反対か（＋理由）
3年時：日本の会社での英語公用語化の取り組みについて賛成か反対か（＋理由）

中3導入の分詞・関係詞を使った生徒はどれくらい？

さて、結果です。「分詞（現在分詞・過去分詞）」「関係代名詞（主格・目的格・接触節）」を使った生徒の人数は、次ページの通りでした。表の後には、結果の概要を箇条書きでまとめました。

表6 ● 分詞・関係代名詞を使用した生徒の数

	導入時期	2017（1年） 40名	2018（2年） 40名	2019（3年） 34名
分詞（現在）	中3	0	0	0
分詞（過去）	中3	0	0	0
関係代名詞（主）	中3	2	3	7
関係代名詞（目）	中3	0	0	1
関係代名詞（接）	中3	0	0	1

【結果の概要（1）】

> ・現在分詞・過去分詞はともに、3カ年を通して使用者がいなかった。
> ・関係代名詞は、高1で2名、高2で3名、高3で9名が使用した。
> ・それでも、高3時点で自発的に使う人は、全体の4分の1に満たなかった。

実際の作成例

　ここからは、実際に生徒がどういう文を作ったのか、詳しく見ていきます。

（補足）
1）一人の生徒が同じ項目の英文を2文以上作っている場合は、その一つだけに○を付けています（「人数」をカウントするため）。
2）対象項目を使ってはいるが使い方が正しくない例については×を付けて提示しています。
3）カッコ内の数字は生徒番号です。

a）分詞（現在分詞・過去分詞）
　→使用者はいませんでした。

b）関係代名詞（主格・目的格・接触節）
【1年】2名

1．○ I have a friend who plays tennis very well. (12)

2．○ I want to be a person **who** can give everyone a lot of power. (29)

3．× I can have many friend *that I think happy.* (25)

4．× So, my important person is *my father who* do hard work everyday and so on. (33)

5．× She is *my friend who* is best around the world. (40)

【2年】3名

6．○ My mother have a friend **who** speak English. (23)

7．○ To make friends **who** have various idea, experiens, language is good for us. (33)

8．○ People **who** went to studying abroad can change the Japan. (39)

9．× They can became *a lot of friends which* are from overseas. (9)

【3年】9名

10．○ But there are some people **who** can't use English. (12)

11．○ They have uniq[u]e ideas **that** we can't hit up. (14)

12．○ We must be feel stressful more than the company **which** use Japanese. (17)

13．○ Now, many people **who** came overseas are living in Japan. (21)

14．○ I think the number of people **who** are poor at English is larger in Japan, compared to in other countries. (24) 関係代名詞（主）

15．○ ～ because they can get a lot of ideas they didn't have. (24) 関係代名詞（接）

16．○ but there may be a person **who** can not speak English and he can not share ideas with around people. (29)

17． it is necessary to grow people **who** can speak. (29)

18． I think that it is important to increase people **who can speak** English. (29)

19．○ People **who** don't speak English very much is worry and can't speak in office. (33)

20．○ People **who** are usually speaking Japanese is only Japanese people. (34)

21． Japanese **who** work at Japanese company may work with foreign people. (34)

　　まず、どの関係代名詞を使用したかに注目します。1年時の2名はどちらも主格を使い（a friend who ～ / a person who ～）、2年時の3名も同じく主格を

(a friend who 〜 / friends who 〜 / People who 〜) 使っています。3年時に
なると、主格に加えて目的格と接触節を使った例もそれぞれ1例ずつ出ました
(unique ideas that 〜 / a lot of ideas they didn't have)。結果として、主格は目
的格や接触節よりも、相対的に多く使われたことになります。

　正しく使用された例と合わせて、誤りの例（×）も提示しました。それらを見
ると、関係代名詞を正しく使うためには、いくつかのハードルがあることが分か
ります。どの関係詞を使うか（ex. whoなのか、whichなのか）が分かっても、先
行詞の後にどういう語句をどういうふうに後置したらよいか、これも正しく判断
できないといけません。英文3.は、そういう意味でうまく使えなかった例とい
えるでしょう。また、先行詞には特定の人（や物）を置くことはできませんから、
4.のmy fatherや5.のmy friendも誤りです。しかし、結果的には間違ってしまっ
たけれど、関係詞を使おうと頑張った例、と見ることもできるかもしれません。

　いずれにしても、説明をあまりせずに自発的に使えるところまで持っていくの
は、関係代名詞だとかなり厳しそうです。第1章（13ページ）でも触れた通り、「日
英対照的」アプローチを（活動の後、または途中で）取り入れるのが効率的なの
かもしれません。

　使用者数が、1年時2名、2年時3名だったのが、3年時は9名でした。学年
が上がるにつれ着実に使えるようになっているのでは……と肯定的に解釈したく
なります。もしかするとそうかもしれません。ただ、今回の結果だけでは何とも
言えません。トピックによって"引き出されやすい／にくい"表現というものが
あるでしょう。今回の結果が、発達の様子を純粋に反映しているものなのか、あ
るいはトピックの影響をかなり受けたものなのか、それは分かりません。

　そういうわけで、今回は事実（＝結果）の報告が主となります。中3で導入さ
れる後置修飾を自発的に使った人はほんのわずかだった。これが事実なのです。

その他の文法はどうか？

　Part 2のハイライトは、今報告したばかりの「中3導入の後置修飾を英作文で
自発的に使った人は、（高3でも）ごく少数だった」という結果です。本来ならば、
Part 2はここで終了です。ただ、それだとあまりにもあっけない（?）ので、
Part 2独自の観点で「おまけの分析」をしてみました。

（おまけの分析1）中3で導入されるその他の項目

c）現在完了

d）受け身

e）It is ～ to do構文

（おまけの分析2）中2で導入される他の項目

f）不定詞（形容詞的用法による後置修飾）

g）接続詞 that

　まず、「中3で導入される他の文法項目」（現在完了・受け身・It is ～ to do構文）にも注目しました。ここには後置修飾という要素はありませんが、中学文法の中では、導入はかなり遅めのものです。さらに、「中2で導入される項目」（不定詞・接続詞that）にも注目しました。先ほどの項目よりは中学での導入が早いものです。導入のタイミングによって、使用人数に違いは見られるのでしょうか。

「現在完了」「受け身」「It is ～ to do構文」を使った生徒はどれくらい？

　「現在完了」「受け身」[4]「It is ～ to 構文」を使った生徒の人数をまとめたのが、下の表です。その後には、結果の概要（2）をまとめました。

表7 ● 現在完了形・受け身・It is ～ to do構文を使用した生徒の数

	導入時期	2017（1年）40名	2018（2年）40名	2019（3年）34名
現在完了	中3	1	3	0
受け身	中3	4	7	8
It is ～ to do構文	中3	4	12	8

※4 「受け身」は、H28年度版中学検定教科書6冊のうち2冊がBook 3（冒頭単元）、4冊がBook 2（最終単元）で扱っていますが、ここでは中3導入の文法項目として分類してあります。

【結果の概要（2）】

> ・現在完了は、3カ年を通して使用者がごく少数だった。
> ・受け身は、高1で4名、高2で7名、高3で8名と、微増した。
> ・It is ～ to do構文は、高1で4名、高2で12名、高3で8名と、微増した。
> ・今回の3項目も、高3時点で自発的に使う人数は、全体の4分の1に満たなかった。

実際の作成例

　後置修飾の「分詞」「関係詞」と同様、項目別に生徒の英作文を見ていきましょう。

c）現在完了
【1年】1名

1．○ We **have been** friend from kindergarten. (40)
2．× I *have met* when I was eight years old. (9)
3．× I'*ve been* to the USA as a Jr. ambassador of Mutsu City when I was 14. (24)
4．× I *have met* to her since nine years ago. (25)

　正用が1名のみなので、誤用に注目します。英文2.と3.は、後ろのwhen節に合わせるならば、主節はそれぞれI met [him] / I went（過去形）となるべきでしょう。これらを書いた生徒は、現在完了について「何となく知っている」けれど、過去との使い分けまではできていないと考えられます。英文4.を書いた生徒は、have met（have ＋動詞の過去分詞）を作っていて、since nine years agoという副詞句を後に置いています。現在完了を意識して書いたことは明らかですが、I have known her（またはWe have been friends）とすべきであり、やはり「理解はできているけれど使えない」状態といえそうです。

【2年】3名

5．○ I **have** not **been** abroad. (16)
6．○ I **have** never **been** to foreign countries. (26)
7．○ I **have** never **been** to overseas. (34)

8．× I *have* never *went* to overseas. (11)

9．× I *have* already *go* to the America. (25)

10．× I *haven't never* studied abroad, 〜. (29)

【3年】0名

11．× Because todays many country's companys *has increase* to use English at the ther communication and ther work.（1）

　3カ年を通して、現在完了を自発的に使った生徒はほんのわずかでした。特に、3年時は正用・誤用に関わらず、現在完了を使おうとしたのだろうと判断できる生徒は、1名のみ（英文番号11）でした。

　1年時のトピックは、自分の周りにいる人物の一人について書くというものでした。自分とその人物との関係を紹介したければ、現在形や過去形だけでなく、現在完了形も出てきて不自然ではありません。それでも、英文1.〜4.の例で分かるように、実際に使ったのは4名で、正しく使っているのはそのうちの1名でした。

　2年時の、海外留学について意見を述べるという場合でも、「自分はこれまでに海外に行ったことがある（ない）」といった経験を語りたければ、現在完了形を使う必要があります。実際に使ったのは6名で、正しく使っているのは、そのうちの3名でした。英文8.や9.を書いた生徒も、現在完了を意識はしているものの正しくは使えない、という状況にあるようです。

　3年時のトピック「職場における使用言語」は、1年時の「自分にとって重要な人物」や2年時の「海外留学」と異なり、高校生の日常生活とはかなり離れた場面を想定しています。「職場」というまだ経験したことのない状況なので、自分の体験談をベースに語ることはできません。このようなトピックの特性が、現在完了の使用者が1名のみ、という結果に至ったという可能性もあります。

　現在完了も（先ほどの関係詞と同様）、「have＋動詞の過去分詞形」という「公式」だけを覚えておけば使える、という単純な話ではなさそうです。まず、過去分詞の正しい形を知っていないといけません。また、経験の話をするなら「○年間」とか「△△からずっと」という情報を付け足すのが一般的です。後ろに置く副詞句（e.g. for three years / since three years ago）とも、正しく組み合わせて使う必要があります。

英語学習が進むにつれ、表現する対象は徐々に広がっていきます。自分や自分の周りについて説明できるだけでなく、第三者についても説明できるようにならないといけません。さらには、人物だけではなく、さまざまな事柄・出来事についても説明する必要が出てくるでしょう。1、2年時の英文を見ると、トピックの特性もあるでしょうが、Iを主語にした文が圧倒的に多いのが分かります。現在完了というのは、「自分自身の経験」を語るところから慣れていくのかもしれません。

d）受け身
【1年】4名

12. ○ He **is loved** by many people in my town. (12)
13. ○ I **am helped** every day. (25)
14. ○ I'**m loved** by my mother, and my mother is loved by me. (30)
15. ○ I **was helped** by my mother. (31)
16. × I *am smiled* by her. / I am teached her study. (28)

【2年】7名

17. ○ English **is used** in many countries and scenes. (8)
18. ○ Now, a society **is** often **called** "Global society" by people around the world. (10)
19. ○ If we go to other countries, we can talk with a lot of foreign people, so communication skills **are improved**. (11)
20. ○ My mind **was changed** by U.S people. (12)
21. ○ We **can be taught** English by abroad person at online. (21)
22. ○ English **is spok[e]n** all over the world. (23)
23. ○ English **is spoken** in only Japan. (34)
24. × Japan *is comed* by many other country the people. (6)

【3年】8名

25. ○ So, talking with English is going to **be needed** in the future. (7)
26. ○ English **is spoken** [in] many countries through out the world. (8)
27. ○ nowadays, in the world, internationalisation **was advanced**. (11)

28. ○ It (=English) **is spoken** in many countries. (15)

29. ○ Now, English **is used** [in] many country. (19)

30. ○ English **is used** by many people. (23)

31. ○ Foreign people of working in Japan **are taught** by Japanese people. (25)

32. ○ Japan will **be looked up to** by other countries and it will increase our jobs. (29)

33. × whenever you want, you can *be checked* English spel by American. (12)

34. × So Life *is decide* by English speak skill. (33)

35. × English *is talked* many country. (37)

　これらの使用例を見てまず気付くのは、English is spokenまたはEnglish is usedを使っている生徒が多いということです。2年時の7名のうちの3名（英文番号17, 22, 23）、3年時の8名のうちの4名（英文番号26, 28, 29, 30）が、このいずれかのフレーズを使っていました。彼らの頭の中でこの表現はすでに「決まり文句」となっていて、このフレーズだから使えた、ということかもしれません。

　やはり受け身も、「be動詞＋過去分詞」という「公式」さえ覚えておけばあとは大丈夫、という単純なものではなさそうです。過去分詞の正しい形を知っていなければならないし、主語の人称・人数・時制に応じて、be動詞も正しく使わなければなりません。高校になると、さらに助動詞が組み合わさって、「will＋be＋過去分詞」や「can＋be＋過去分詞」などが登場します。

　中には、「受け身」の用法を理解しているのでは、と判断できそうな生徒もいます。主語がEnglishではなく、動詞句の部分がis used / spokenでない事例を探すと、2年で4名（英文番号18, 19, 20, 21）、3年でも4名（英文番号25, 27, 31, 32）がそのような文を書いていました。例えば、21. We *can be taught English*だったり、25. *talking with English is going to be needed*だったり、32. *Japan will be looked up to*だったりと、不定詞や助動詞とうまく組み合わせて使っている例が少数ですがあります。このような英文を作ることができる生徒に限って言うならば、受け身の学習は順調に進んでいるのかもしれません。

　ただしこういう生徒は、40名／34名中の4名だけです。重要なのは、そういう生徒は全体のほんの一握り、という事実なのです。

e）It is ～ to 構文

【1年】4名

36. ○ It is important for my mother to help me.（4）
37. ○ It is important for me to eat break fast every day.（6）
38. ○ it is a lot of fun to talk with her.（19）
39. ○ It is fun for me to meet friend every day.（32）
40. × It is *happy* for me to see him.（34）

【2年】12名

41. ○ I think it is important for us to go to overseas.（4）
42. 　 It is important for our future to use other language.（4）
43. 　 I think it is important for us to experience.（4）
44. ○ It is important for students to learn other country culture.（6）
45. ○ It is difficult for me to make a dicision study abroad, or not.（8）
46. ○ I think it is important for us to study abroad.（11）
47. ○ I think that it is difficult for many students to study abroad.（17）
48. ○ I think it is important for us to go another countries.（25）
49. 　 It is expensive to go another countries.（25）
50. ○ Second, it is important for many students to go to foreign country.（28）
51. ○ It is important for us to speak English very well.　（32）
52. ○ It is important for us to learn foreigh country.（33）
53. 　 It is important for us to have many expariens.（33）
54. ○ It is important for us to speak English.（34）
55. ○ It is good experience for students to learn foreign languages.（37）
56. ○ I think it is important for us to chalenge study abroad.（38）
57. × it is *needs* for us *to communication* other countries people.（31）

　このIt is ～ to構文に関しては、高2で12名（全体の約3割）が使用し、1年時に比べると使用者数がかなり増えました。これまでの「分詞（現在・過去）」「関係詞」「現在完了」「受け身」とは異なる現象です。

　高2のトピックは「海外留学」でした。海外留学に対する賛成（反対）意見を、理由を添えて書くように指示されました。そこで、多くの生徒がIt is important to 動詞 ～という表現を使いました。前ページで紹介したEnglish is spoken (used).同様、「決まり文句」のようなものとして覚えていたから使えた、ということかもしれません。

そうだとすると、ではなぜ「決まり文句」として覚えられたのでしょう？ 一つに、「受け身」や「現在完了形」とは違い、動詞の派生変化をその都度考えなくてもよいという「利便性」が考えられます。It isの後には形容詞（時に名詞）を置き、toの後には動詞（の変化形を気にせず）の原形をそのまま置く、と覚えておけばだいたいの場合それでうまくいくからです。そういう意味で、"使いやすい"フレーズなのかもしれません。もちろん、使いやすいと実感するための使用場面が生徒に十分に与えられていることが前提となります。

もう一つ、インプットの量が考えられます。図11に示したように、アウトプットの前提条件はインプットです。生徒にとって、ある程度なじみのある表現にならなければ、それを使うというその先の段階には進みません。生徒が読んだり聞いたりする英文に、この表現がよく登場しているということも影響しているかもしれません。この点について、担当の先生にお尋ねしたところ、以下の回答をいただきました。

「パフォーマンステストや英表（英語表現）で英作文に取り組ませているので、その影響が大きいと思います。It is ～ to doの構文は『構造が覚えやすい』のが一番の理由だと思います。（でも、It is that S＋V～の構文を使う生徒はあまりいません）。あとは、検定試験の面接の模範解答にこの構文がよく出てくるので、それを目にしたり、練習で使ったりする生徒も多いですね。」

補足すると、大学入試問題では、他の文法項目と比べ、It is ～ to do構文の使用頻度が圧倒的に高いことが分かっています（吉田, 2012）。2009年～11年の主要な国公立大、私立大、センター試験問題で扱われた英文の中で、使用第1位は「It is ～ to do構文」の130回、第2位は「It is ～ that 節」の69回でした（※詳しくは『中学英文法で大学英語入試は8割解ける！』（アルク選書）をお読みください）。

第2章のインタビューでも、田名部高校の先生方から寄せられたコメントが紹介されています（58～60ページ）。その中で、生徒が使えるようになったと思う文法事項の一つとして、このIt is ～ to do構文も挙がっています。教師が日ごろ

から書かせたり（話させたり）していれば、生徒の変化に気付くことができるということでしょう。

【3年】8名

58. ○ I think it is very difficult for us to speak English. (4)
59.   I think it is very important for us to talk with overseas people. (4)
60. ○ It is important for company to use the common expression. (6)
61. ○ In company, it is important to comunicate each opinion. (14)
62.   It is necessary to understand each culture. (14)
63. ○ She said "It is very useful for me to speak English because we can hear them opinion." (19)
64. ○ I think it is good for workers to speak in English while working. (24)
65.   It is important to communicate with foreign people because they can get a lot of ideas they didn't have. (24)
66. ○ It is very important to speak English, but not everyone can speak. (29)
67.   it is necessary to grow people who can speak. (29)
68.   I think that it is important to increase people who can speak English. (29)
69. ○ It is very useful to speak English. (32)
70. ○ I think that it is good to use English at Japanese company. (34)
71. × It is convenient for them *to traveling* or *working*. (8)

　It is ～ to do構文は、2年時では使用者12名でしたが、3年時では8名でした。なぜ、2年時ほど使用した生徒がいなかったのでしょう？　その原因ははっきりとは分かりません。各学年のトピックはそれぞれに異なっていたので、今回の結果はトピックの影響によるものだったのかもしれません。

「不定詞」「接続詞that」（中2導入）を使った生徒はどれくらい？

　次に、「不定詞」（形容詞的用法）と「接続詞that ～」の使用状況を紹介します。「不定詞」は、「分詞」や「関係代名詞」と同じ「後置修飾」です。ただし、導入は中2なので、これまでに見た「分詞」「関係代名詞」「現在完了」「受け身」「It is 〜 to do構文」よりは、導入のタイミングが少しだけ早いことになります。その分、生徒がこれまでに聞いたり目にしたりした機会も少しは多かったのかもしれません。さて、その差は結果に影響しているでしょうか。

結果は、以下のようになりました。

表8 ●「不定詞」「接続詞 that 〜」を使用した生徒の数

	導入時期	2017（1年） 40名	2018（2年） 40名	2019（3年） 34名
不定詞	中2	1	7	7
接続詞that	中2	6	17	11

【結果の概要（3）】

・中2導入の不定詞は、高1で1名、高2と高3では7名が使用した。
・その不定詞は、同じ後置修飾である分詞よりも使用者数が多かった。

この中2導入の「不定詞」と「接続詞that」の使用者数と中3導入の文法項目の使用者数をまとめて示したものが次のグラフになります。

図12 ● 各文法項目の学年別使用者数

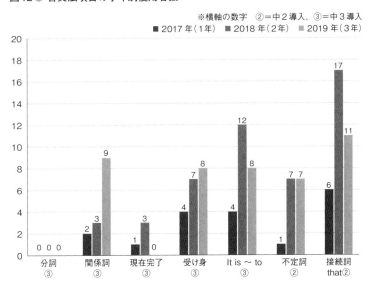

現在分詞や過去分詞は、３カ年を通して使用者が０名だったのに対し、不定詞は、高２や高３では７名の使用者が出ました。この７名が、習得のペースから判断して順当な人数なのかそうでないのか、ここも何とも言えません。

　参考までに、第２章36ページの表５「先生方のお話に出てきた文法事項と身に付き度合い」を振り返りましょう。そこでは、（インプット＆アウトプットの機会を豊富に与えられた南高附属中の生徒の場合、）中１・２で学ぶ文法事項は中３の時点で使っているようだが、中３で学ぶ文法事項は使うところまでたどり着かずに中学を卒業するようだ、と分析しました。

　それを考えると、後置修飾の「分詞」（中３導入）と比べて「不定詞」（中２導入）の方が、ほんの少しでも使用例が多かったのは、自然な現象といえるのかもしれません。導入が少しだけ早いということ、中１・中２導入の文法は中３導入の文法ほど用法が複雑ではないということが、自発的に使い始めるタイミングに影響を与えている可能性は否定できません。

　いずれにしても、「中２導入」の項目が「高２」の（数名の）英作文にようやくちらほら登場し始めた……その事実を通して、習得への道のりがいかに険しいかをあらためて実感することができるでしょう。

　では、これまで同様、生徒の英作文例を見ていきましょう。

実際の作成例

ｆ）不定詞（形容詞的用法）

【１年】１名

１．○ I think it is one of **the way to help** my mother. (15)

【２年】７名

２．○ If we go study abroad, we have **chance to meet** *change my life parson*. (3)
　　（※meetの目的語に当たる名詞句の語順は×）

３．○ I have **three reasons to support** this opinion. (7)

４．○ My father said that "**The easiest way to learn** English is studying abroad. so you should go abroad in the future." I think so, but I don't have **courage to go** to abroad alone. (8)

５．○ So, I don't have **courage to go** to abroad alone. (10)

6．○ I think **the best way to learn English** from talking many people. (14)

7．○ This is **a chance to study** about other country. (15)

8． there are **many chances to talk** with other countries students. (15)

9． they have **own way to teach** something to student. In other way, maybe we can find the **best way to study**. (15)

10．○ There is **no bad point to study** abroad. (29)

【3年】7名

11．○ I have three **reasons to support** my opinion. (7)

12．○ I have two **reasons to support** my opinion. (11)

13．○ I have two **reasons to support** my opinion. (15)

14．○ I have two **reasons to support** my idea. (23)

15．○ It is because we, Japanese have less **opportunity to use** English in our everyday lives, although we learn English at school. (24)
　　Workers can have more **opportunity to talk** with foreign people. (24)

16．○ I have some **reasons to support** my opinion. (28)

17．○ Also gesture is *importanse* **way to communicate** so If you don't use English, you can use gesture and listen. (38)

18．× I have three *opinion* to support my idea. (12)

　不定詞は、1年時に使用した人は1名でしたが、2・3年で7名に増えました。その中で、"two/three/some reasons to support" という表現が目立ちました。2年で1名（英文番号3）、3年では7名中5名（英文番号11, 12, 13, 14, 16）が使用しましたがこれもまた、「決まり文句」化した表現と考えられます。

　この現象について再び先生方に質問したところ、次のような回答をいただきました。

　「2年でディベート（パフォーマンステスト）をさせるのですが、How to Debateというワークシートを使って、ディベートで使用する表現を練習させています。この表現を3年の複数の生徒が使ったのは、おそらくそこで練習したものを覚えていたからではないかと思います。」

※前ページに記載したHow to Debateの中で練習させている表現の一つが、"We have two reasons to support our ideas. First ... Second ..."です。ワークシートの詳細については『レッスンごとに教科書の扱いを変える　TANABU Modelとは』(p. 101, アルク選書) をご覧ください。

g）接続詞 that

次に、同じ中2導入の項目「接続詞 that」の英作文例を見ていきます。今回は、thatの後にS＋Vを続けることができたものを○としました。

※中学検定教科書では、「接続詞」という用語を一切使っていないもの、レッスン内では使わずに、文法のまとめのようなところで限定的に使っているものと、教科書によって扱いが異なります。ここでは便宜上「接続詞that」と呼んでいきます。

【1年】6名

19. ○ I think **that my mother is important for me to live in the world.** (7)

20. ○ I think **that my friends is very important,** (16)

21. ○ I think **that my sister is very important person.** (19)

22. ○ I think **that my father is important for me.** (20)

23. ○ I think **that my mother is very important.** In conclusion, I think **that my mother is core for me.** (31)

24. ○ But I sometimes think **that I have to meet my mother.** (39)

【2年】17名

25. ○ I think **that many student is going to forgin study.** (1)

26. ○ I don't think **that more many students should go to over seas.** (5)

27. ○ I think **that more students should study abroad.** (8)
My father said **that "The easiest way to learn English is studying abroad, so you should go abroad in the future."** (8)

28. ○ I think **that becoming foreign friends is so good.** (9)
I think **that if you go to the other countries, you can grew up.** (9)

29. ○ If we know other cultures, we realize **that the world is large.** (11)

30. ○ I think **that it is nice idea** because, we can learn many things from communicate to many peoples. (14)
31. ○ I think **that exchange students are increasing**. (16)
32. ○ Because I think **that it is difficult for many students to study abroad**. (17)
33. ○ I think **that studying abroad is very good thing**. (19)
34. ○ I think **that it is very good**. (26)
35. ○ I think **that it is good opinion**. (28)
36. ○ I think **that more students should study abroad** because they can learn a lot of thins. (29)
37. ○ I think **that many students should study abroad**. (32)
38. ○ I think **that many students should study abroad**. (33)
39. ○ I think **that many students should study abroad** overseas. (34)
40. ○ I think **that more and more students should do study abroad**. (37)
41. ○ I t[h]ink **that we should go to studying abroad** because we can learn native languages in the countries. (39)

    These reasons [are] why I think **that more students should go to studying abroad**. (39)
42. × I don't think that should go to the different countory. (13)
43. × I think that <u>many students *go* abroad to study *is* very good</u>. (18)
44. × I think that <u>a lot of students should *go* to abroad *is* good idea</u>. (22)
45. × I think that <u>many students should *go* overseas and study something *is* good</u>. (31)
46. × I think "many student go to the overseas" idea is interesting and exciting. (35)

【3年】11名
47. ○ Also, I think **that many forgin people come to Japan** because Japan hold the Tokyo orinpic in 2020. (1)
48. ○ I think **that this is important for Japanese society to make our works better**. (7)

49. ○ I believe **that to communicate in English at work place is good and necessaly** to survive the period of globalisertion. (8)

50. ○ I think **that Japanese companies will be more global**. (9)

51. ○ I beli[e]ve **that we can do a lot of thing** with many kinds of country's people to use English so I want to make an effect studying English. I'm sure **that English skills help me in the future**. (19)

52. ○ I agree **that some company in Japan have plan** that staff speak English to communication in office. (20)

53. ○ I think **that it is important to increase people who can speak English**. (29)

54. ○ I think **that we should study English now**. (31)

55. ○ I think **that it is good to use English at Japanese company**. (34) However, when we use the words, we may feel **that conversation is difficult**. (34)

56. ○ However, I think **that speaking at English is very good**. (36)

57. ○ I think **that this idea is good**. (37)

58. × I think [φ] good that some Japanese companys speak English. (32)

59. × I think that company in Japan *try* to comunicate by all English *don't* need. (33)

60. × I think that I *speak* English and Japanese *is* very good. (36)

61. × I think that *worlds to be a global society*, so English is necesarry. (38)

　「接続詞that」とは言っても、使用例のほとんどはI thinkとの組み合わせでした。特に１年時は、全ての使用例が「I think that 〜」でした。実際に、６種類全ての検定教科書で、接続詞thatの導入に「I think (that) 〜」が使われています。つまり、この言い回しが生徒にとっては「デフォルト」だと考えられます。慣れてくると、think以外の動詞とも組み合わせることができるようになるのでしょう。２年時には、My father said that / We realize that / I don't think thatという表現が出てきました。さらに３年時には、I believe that / I'm sure that / I agree that / We may feel thatという表現も登場し、だんだんとバリエーションが出てきているのが分かります。接続詞thatの使用例が増えていることは、生徒が文を長く書こうと工夫し始めたことを物語っています。

最後に、誤りの例に注目しましょう。英文番号43〜45（2年時）、59、60（3年時）には共通点があります。それはthat以下が、日本語に引っ張られた＝日本語の語順で書いた、と考えられる言い回しになっているという点です。「〜が…なのは──である」という日本語の語順（日本語ではこれらが全て前置となる）のまま英語に変換してしまったのではないかということです。第2章42ページでも、この「I get up is six.」系の英文が生徒の英作文に出てくるか、の質問に対する南高附属中の先生方の回答を紹介しています。

　「（中3で）こういう英文を書いてしまう生徒たちは、まったく理解できていないわけではなく、"正しく使うことができない状態"なのだろうと思います。」

第 3 章

　南高附属中は、中3卒業時にその85％が英検準2級を取得している集団です。習得段階としては、平均的な高校生と同じくらい（かそれ以上）といってもいいかもしれません。それを考えれば、田名部高校生の英作文の中に、一部このような日本語につられた誤りが出てくるのは、決して不思議ではないでしょう。今回こういう英文を書いた生徒がまさに、「理解はできているけれど、正しく使えない」状態にいるのではないでしょうか。
　同様の、日本語に引っ張られることで出てくる典型的な誤りとして、主語でなく「主題」を主語に置いてしまうというものもあります。これもやはり2章で話題になりました。南高の先生から、「身近な話題について話したり書いたりさせた場合は、Home is relax. / Home can talk.のような〔日本語につられる〕ミスは見られないです。ただ、高3に「安楽死はどうか」といった難しいトピックで書かせると、こういったエラーが見られることはあります」（第2章50〜51ページ）と回答がありました。習得が進んで日ごろはあまりそういう誤りが見られなくなっても、あまりなじみのないトピックを提示されると日本語に頼ってしまう、つまり、誤りが誘発されてしまう場合があるということです。
　今回の田名部高校の英作文に出てきた日本語に引っ張られたと考えられる誤りも、なじみのないトピックがもたらした現象なのかもしれません。
　授業の「活動」の中にはライティングも含まれます。その場面をできるだけたくさん生徒に与える必要があります。その場合、トピックが難し過ぎる、言い換えれば自分が知っている表現を駆使して書くことができなくなると、日本語に頼ってしまう、という現象が起こり得るということです。事実、トピックの難易度（抽

象度）は、１年（自分にとって大切な人物）＜２年（海外留学）＜３年（職場で
の英語公用化）と上がっています。今回の英作文の元となった検定試験の場合は
仕方ないですが、日ごろの授業であれば、生徒の「身の丈に合った」トピックで
思う存分書かせてあげる配慮があってもいいかもしれません。それも、文法に慣
れさせる＝「文法」を「教える」方法の一つではないでしょうか。

【Part 2のまとめ】

> ３カ年の英作文を見て分かったことは……
> 中３で導入される後置修飾（分詞、関係詞）は、高３でも使う人がほとん
> どいない。
>
> 補足情報として……
> ａ）その傾向は、同じ中３導入の現在完了形や受け身にも当てはまる。
> ｂ）後置修飾の中でいうと、不定詞（中２導入）が、分詞・関係詞（中３
> 　　導入）より、使っている人が少しだけ多い。
> ｃ）長い文を書こうとしたり、難しいトピックに遭遇したりすると、日本
> 　　語につられた表現が目立つようになる。

【Part 1 & Part 2　通していえること】

> ① 文法解説がそれほどなくても、中３導入文法の「理解」の発達プロセス
> 　には悪影響はない。活動量を十分に確保しているのであれば、高校で「理
> 　解」を深めることは可能である。
> ② ただし、「使える」までいけるかは分からない。

Part 2の最後に

　今回、田名部高校の2019年度３年生の過去３年間の英作文を分析しました。そこで分かったことは、大多数の生徒について言えば、高校３年でも、中３導入の文法を「自由に使える」レベルには到達していないということです。そう聞いて、「文法解説の時間を十分に取っていないからだろう」と反論しますか？

　「文法解説の時間が少ない」……果たしてそれが理由でしょうか。それよりも、田名部高校のように解説の時間を最低限にして、その分かなりたくさん練習させている学校であってもそれが現実、ということなのではないでしょうか。それほど習得への道のりは遠いということなのです。

　そうなると、高校の「文法指導」は何から優先してやるべきでしょうか。いよいよ、そのことを真剣に考えねばならない時期にきたと思います。

引用文献　アルク教育総合研究所（監修）、金谷憲（編著）（2015）『中学英文法で大学英語入試は８割解ける！』アルク
金谷憲（編著）（2009）『教科書だけで大学入試は突破できる』大修館書店
金谷憲（編著）、堤孝（著）（2017）『レッスンごとに教科書の扱いを変える　TANABU Modelとは』アルク
Yoshida, S. (2012). *An Analysis of Authorized English Textbooks and University Entrance Examinations Focusing on Sentence Structures.* Unpublished master's thesis.

目に見える変化は他にない？

Q：これまでの話をまとめると、田名部高校の生徒たちがたくさんの活動をしてきた成果は、目に見える形では現れていないということでしょうか？

A．必ずしもそうではありません。

　以下の表を見てください。生徒が書いた英作文を「総語数」「文の数」「1文の長さ（＝1文の平均語数）」の3観点で見てみました。

表9 ● 英作文の総語数、文の数、1文の長さの平均

	2017（1年） 40名	2018（2年） 40名	2019（3年） 34名
総語数（語）	85.6	102	99.7
文の数	12.4	11.1	10.2
1文の語数	7.1	9.5	10.1

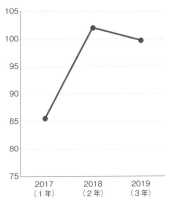

図13 ● 総語数の変化

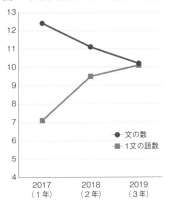

図14 ● 文の数と1文の長さの変化

　まず総語数について。高2から高3の伸びはない（むしろわずかに下がっている）ものの、3年を通して見るとたくさん書けるようになったことが分かります。「コミュニケーション英語」の授業で、教科書の英文を使って複数の活動を繰り返し行った（その分、文法解説の時間は最小限になった）結果は、分量・fluencyという側面に確実に表れています。そして1文の語数について。これについては、1年生から着実に右肩上がりになっています。文の数の平均は減っているのに、1文の語数は増えている。これはつまり、1つの文の情報量が増え、少しずつ長い文が書けるようになっている、ということを示しています。

Column ②

同トピックで、時間をおいて再び書かせたらどうなる？

Q：作文力の変化を見るのにトピックが違うと比較が難しいというのなら、もう一回同じトピックで書かせてみてはどうですか？

A．はい、実はやってみました。

　2019年9月に、3年全員に1年時のトピック「自分にとって重要だと思う人物」について、再度書いてもらいました。その中で、偶然にも「同一人物」について書いた生徒が、今回の分析対象とした34名の中で8名いました。今回はその中の3名に絞って、1年時のものと3年時のものを比較しました。ここでは詳細な分析結果ではなく、それぞれの大まかな特徴をご紹介します。

　結論から言うと、3人それぞれに、英語学習が前進している様子が確認できました。各生徒の英作文の表の一番上に、主な変化を挙げてみました。よく見れば他にもあるでしょう。ぜひじっくりと眺めてください。

※文の数と1文の長さが一目で分かるよう、文ごとに番号を付けました。カッコ内の数字は総語数です。

● Aさん　【主な変化】
　　　　・be動詞と一般動詞の混同がなくなった。
　　　　・代名詞を使うようになった。
　　　　・文のつながりや文章構成を意識するようになった。

2017　1.　It is important for my mother to help me.
　　　　2.　My mother cooking my breakfast and lunch box and dinner.
　　　　3.　My room is very darty but My mother clean my room.
　　　　4.　When I was very busy, my mother help for me.
　　　　5.　My mother makes me very happy.
　　　　6.　My mother is very important for me <u>because</u> I like my mother.
　　　　7.　My mother is allways very kind.
　　　　8.　<u>I'm not survive</u> without My mother. (70)

2019   1. My mother is very important person for me.
   2. <u>Because</u> my mother take care of me.
   3. <u>I have two reasons.</u>
   4. <u>First</u>, my mother can cook delicious dishes.
   5. <u>Eespecially</u>, *her* miso soup is very tasty.
   6. <u>Also</u>, *her* potato dishes is very delisious.
   7. <u>Second</u>, *she* has to do all housework.
   8. <u>So</u>, *she* is very busy.
   9. I often help my mother to do housework.
  10. *she* <u>has make</u> our bento every day.
  11. <u>So</u>, *she* allways get up early and take a bed lately.
  12. *She* has wark long time for family.
  13. So, I want to say "Thank you" for my mother.
  14. I want my mother to powerfull.
  15. <u>In these reason</u>, my mother is very important person for me. (112)

● Bさん 【主な変化】
・be動詞の誤挿入がなくなった。
・can('t)が使えるようになった。(1年時はdon'tメイン)
・「もし父がいなかったら…」の帰結節に注目！
  (→2017の4. と2019の6. を比較)

2017   1. I think that my father is important for me.
   2. Firstly, He works everyday.
   3. When he ***don't*** work, my family ***don't*** fun life.
   4. (φ) He isn't here, <u>I ***don't*** eat something and I ***don't*** buy something.</u>
   5. So, he is important for me.
   6. Secondly, When I *am* not understand at my homework, He *is* tought me. And, He *is* tought me still I understand.
   7. He is very kind.
   8. In conclusion, I like him very much. (72)

2019   1. I think my important human is my father.
   2. I have two reasons.
   3. First, he is gentle, so if I have puzzle things, he always helpe me.
   4. For example, when I losed in the tennise game, he gave me a advice.
   5. when I was sad, He talked funny story and made my smile.
   6. Second, if he isn't here, <u>I will not be able to</u> live.
   7. His surary is important.
   8. If there are not it, I <u>can't</u> eat and go to school.
   9. <u>I can go to school and live happy</u> is thanks to him. (92)

● Cさん　【主な変化】
　　　　　・1文が長くなった。(平均5.6文→8.6文)
　　　　　・文のつながりを意識するようになった。
　　　　　・日本語につられる表現が目立たなくなった。
　　　　　・習った表現を積極的に使おうとしている。

2017　1.　My mother is important for me.
　　　2.　Because (φ) make break fast every day.
　　　3.　It is important for me to eat break fast every day.
　　　4.　I have a basketball team.
　　　5.　When I nervous in tornament, (φ) always follow me.
　　　6.　I'm very happy.
　　　7.　I help my mother every day.
　　　8.　my mother said me, "Thank you."
　　　9.　I heared that very happy. (※それを聞いてうれしかった)
　　　10.　Next month, my mother is birthday. (※来月は母の誕生日だ)
　　　11.　I'll give a present for her.
　　　12.　I'll buy a watch.
　　　13.　My mother wash the dishes every day And, make a dinner every day.
　　　14.　It is delicious.
　　　15.　I am very happy.
　　　16.　My mother said me, "Never give up!"
　　　17.　I hear that always fine. (※それを聞くといつもうれしくなる)
　　　18.　I don't understand about science.
　　　19.　My mother taught me science,
　　　20.　My mother is very kind. (119)

2019　1.　My mother is the best important person for my life.
　　　2.　I have a few reason.
　　　3.　First, my mother cooks every day.
　　　4.　In fact, my mother have a job.
　　　5.　In spite of she cooks every day.
　　　6.　She seems that very busy, but she doing it.
　　　7.　Secound, when I was young, she always hand dawn a interesting story to me.
　　　8.　So, I am interested in read books.
　　　9.　Actually, books give me many advantage.
　　　10.　For example, intelligent, method of thinking about society, and calm.
　　　11.　It is no wonder that my mother makes what I am today.
　　　12.　More over, my mother have else have to do things.
　　　13.　I think that, my mother is very strong.
　　　14.　If I were her position, I wouldn't do such things completely.
　　　15.　I am look up to my mother. (129)

　いかがでしょうか？　同じテーマで期間をあけて再度書かせてみると、面白
い発見があるはずです。他にも一度書かせて回収した英作文を半年後や1年後
に返却し、生徒自身に添削させたりリライトさせたりするのもお勧めです。

第4章

文法指導について第二言語習得研究でいま分かっていること、まだ分からないこと、そして分かり得ないこと

Contents

文法指導について第二言語習得研究でいま分かっていること、まだ分からないこと、そして分かり得ないこと

鈴木祐一（神奈川大学准教授）

SLA研究って何の役に立つ？―文法指導について考えるヒント―

　本章の目的は、文法指導の効果について第二言語習得（Second Language Acquisition: SLA）研究で分かっていること（そしてまだ分かっていないことまでを含めて）を整理しながら、5ラウンドシステムやTANABU Modelでの文法指導について理解を深めることです。

　SLA研究は、過去50年以上にわたり、さまざまな研究手法を用いて、文法指導・習得に関する多くの知見や理論を構築してきました。その知見は、教師の経験や勘を支えたり、英語を教えたりする上での有益な情報として扱われてきています。一方で、SLA研究って、重箱の隅をつつくような細かい話や理論ばかりで、教室での英語指導になんて役立たないと今まで思っていた読者の方もいるかもしれません。

　もちろん、SLA研究は実践上の全ての問題を解決してくれるとは限らないと私も思います。例えば、「文法解説をするべきかどうか」、「文法解説するなら、いつが最適か」などの実践上の問いに対して、一つだけのシンプルな答えを返すことは難しいからです。このような問いに対して、「文法解説は必要・不要」と断言したり、「いついつ教えれば絶対大丈夫」などという明快な答えを過度に期待したりしてはいけません。そもそも英語教育・学習自体が極めて複雑かつ多様な営みであるわけですから、SLA研究からだけでは分かり得ないことも多くあるわけです。

　それでは、SLA研究は英語教育に役に立たないのか？　私はSLA研究は英語教育に役に立つと考えています。なぜなら、本書のテーマのように、どのように文法を教えるかという多くの問題に関して、さまざまなヒントを与えてくれるからです。そして、この章では、SLA研究を通していま分かっていることと、ま

だ分からないことを整理しながら、文法指導にまつわる「考えるヒント」を提供したいと思います。

SLA研究と5ラウンドシステム・TANABU Modelの接点

さて、少し前置きが長くなりましたが、本章で取るアプローチを説明します。すでに日本の英語教育で実践され成果を上げている5ラウンドシステムやTANABU Modelにおける「文法指導」に関する諸問題を、SLA知見の観点から分析していきます（「実践」→「理論」）。つまり、SLA研究の知見を英語教育に応用する（「理論」→「実践」）という従来の方向とは異なる向きから、SLA研究を使ってみようということです。

一方で、5ラウンドシステム自体、第二言語習得の理論に基づいて（ex. 西村・梶ヶ谷, 2015）考えられた部分もあるようですから、「理論から実践」と「実践から理論」というような単純な対立軸でもないかもしれません。この章では、理論と実践を行き来しながら、5ラウンドシステムやTANABU Modelを考察し、本書のテーマである「文法を教えること」に関する問題の核心に迫ります。

本章は以下の三つのパートに分けています。

Part A：文法「習得」
Part B：文法「指導」
Part C：文法「練習」

Partごとの「習得」、「指導」、「練習」という三つの観点は、実践の上ではお互いに密に関連していて分けることは難しいですが、分かりやすくSLA研究の知見を提示することを目的とするため、この三つの分類を取りました。

Part AとBの「習得」と「指導」に関しては、横浜市立南高等学校附属中学校（以下、南高附属中）での5ラウンドシステムを中心に議論を始めます。先に結論を述べてしまうと、日本のような英語授業（教室環境）においてほとんど文法解説をしなかった場合、どのように文法習得が進んでいくかということを、長期的な観点で調べたSLA研究は残念ながらありません。

そこで、発想を転換して、英語圏の自然習得環境における文法習得に関する研究の紹介から始めたいと思います。果たして、この英語圏というまったく異なる

環境での習得データが、どのように日本の学校教育における英語授業と関連するのでしょうか。正直、私はこのような自然習得環境の英語習得は、日本の英語授業とは無縁のものだと今まで思っていました。今でも多くの場合は無縁だと思っています。

しかし、文法解説は最低限で、たくさんの英語でのやりとりと練習の機会が設けられている南高附属中の英語授業を通して、メキメキと英語力を伸ばしていく生徒を目の当たりにして、自然習得環境と似ている部分もあるのではないかと思ったことがありました。

教室環境であっても、南高附属中のように、文法解説がなく、たくさん英語を読んだり、聞いたり、話したり、書いたりするという環境が英語授業で実現されていれば、自然環境に近い文法習得が少なからず起こっているのかもしれません。

そのため、Part Aでは、まず第二言語としての英語の自然環境における文法習得プロセスについて研究で何が分かっているか見ていきます。文法解説がなくても文法は身に付くのか、なぜ文法習得は難しいのかをSLAの実証研究に基づいて説明します。

次に、Part Bでは、文法指導（文法解説）の効果についてSLA研究で明らかにされていることを見ていきます。「解説の効果」、「解説のタイミング」、「解説する文法事項のプライオリティ」など、5ラウンドシステムの文法指導を考える上で重要かつ本書の核となるテーマを扱います。

最後に、Part Cは、文法「練習」についてSLA研究の観点から、5ラウンドシステムとTANABU Modelを考察します。「文法解説」が表のテーマだとすると、その裏テーマ（でかつ、同じくらい重要な問題）に当たるのが文法「練習」・「活動」となります。5ラウンドシステムやTANABU Modelでは、解説を減らして、練習の時間を確保しているわけです。一般的に、文法「練習」というと、そのイメージはバラバラです。練習というと文法演習問題やドリルをイメージされるかもしれませんが、5ラウンドシステムやTANABU Modelを通して、SLAから見た効果的な「文法練習」について考えてみましょう。

本章は、どのPartから読んでいただいても構いません。また、本章では随所で5ラウンドシステムとTANABU Modelでの実践上のエピソードも紹介していますので、インタビュー結果の第2章も適宜参照しながら読まれることをお勧めします。

Part A　文法「習得」

文法解説なしでも文法は身に付くか？

　南高附属中の5ラウンドシステムのインタビュー結果の一つの結論として、「南高附属中の生徒はざっくり言って中1と中2の文法はだいたい身に付いている」ということでした。つまり、語順などの文を作る上で基礎的な部分は身に付き、英語でコミュニケーションを取れるようになるわけです。一方で、もちろん英語を使うときに、冠詞、時制、単複の区別などの間違いはまだまだ多く残っています。実は自然習得環境の文法習得でも、5ラウンドシステムで学ぶ生徒と共通する習得プロセスが明らかにされています。

　それでは、まず初めにSLA研究で有名なWesという人物に関するケーススタディー研究（Schmidt, 1983）を見てみましょう。Wesは当時（1970年代）日本でも有名な画家で、ハワイへ移り住みました。日本で英語教育を受けた経験は限られており（中学校卒業後すぐに画家の道を目指しました）、ハワイへ移住してから（学校・教室環境ではなく）自然な英語環境での英語を学びました。Wesは社交的で日常的に英語を使う環境にいて、英語を学ぶ上では良い条件がそろっていたと考えられています。日本からハワイへ移住した最初の3年間で、Wesは英語でのやりとりはうまくなり、*"I'm a little bit confuse, if you're quite busy, he's about fifty, this is not important."*というような文を話せるようになったとされています。

　Wesは基本的な語順、be動詞、代名詞などは正確に使えていて、長い文も話せて、しっかりとコミュニケーションが取れることがうかがえます。しかし、その他の文法の正確さに関する発達は極めて限られていました。彼の発話をよく観察すると、文の構造としては問題なくても、過去分詞 -edの文法項目などが落ちていたりします。実際、Wesは3年間英語にたくさん触れて使う自然習得の環境にありながら、Wesの発話の録音テープ（独話）を分析したところ、多くの文法項目が身に付いていなかったようです（表9参照）。

表9 ● Wes が3年間で身に付けた文法

ほぼ正確に使える	場合によっては正確に使える	ほとんど使えない
語順 be動詞 代名詞	進行形 -ing 過去形の不規則形 複数形のs	冠詞 所有 's 過去形の規則形

　一方で、ほぼ正確に使えるようになったのは、語順、be動詞、代名詞のように、状況から意味を容易に推測しやすく、その文法事項を間違えるとコミュニケーション上、支障を来しやすい（目立ちやすい）文法項目でした。また、Wesのようなケーススタディーに加えて、アメリカへ渡った移民の英語の文法習得について、より包括的に調べている研究からも、Wesが習得できたものと似ている文法項目（語順、代名詞、Yes/No疑問文）が、多くの移民（言語適性が低い人も含め）にとって自然に習得されやすいことが明らかになっています（DeKeyser, 2000; McDonald, 2000）。

　以上のような自然習得環境における文法習得は、南高附属中の生徒の文法習得とある程度の共通した要素があるようです。今回の調査では南高附属中の生徒の文法運用力を直接客観的に調べていないため、今後の調査が待たれます。ただ、英語に触れて、たくさん使うことを3年間という長期間にわたって徹底することで、コミュニケーションを取るために必要な基礎となる文法が5ラウンドシステムでは身に付きやすくなっているのではないかと考えられます（どのように文法を使う練習を工夫しているかはPart Cを参照してください）。

【文法解説なしでも文法は身に付くか？】

・南高附属中は、自然習得と同じように、英語にたくさん触れて、たくさん使う機会が3年間を通して徹底されている。
・南高附属中の英語授業と自然習得環境における文法習得には共通点がある。
・自然習得環境において身に付く（つまり、解説がなくても身に付く）文法項目は、コミュニケーションの上で必須の情報だったり、目立ちやすかったりするものである。特に、語順、be動詞、代名詞は身に付きやすい。
・過去形の規則形、複数形、冠詞、3単現のsなどは習得に時間がかかる。

なぜ文法習得は難しいのか？

　本書のインタビュー調査結果では、南高附属中の5ラウンドシステムで学ぶ多くの生徒が習得できた文法項目は中1と中2で習うものであるという考察がされていますが、中1と中2で学ぶ文法項目が全て一様に身に付くというわけでもありません。例えば、語順のような基礎は十分に運用できるまで身に付きますが、冠詞や3単元のsなどは話したり書いたりするときに正確に使えるようになるにはまだまだ先のこと（高校・大学・それ以降）でしょう。それでは、なぜこのように先に身に付く「簡単な」文法と、習得に時間がかかる「難しい」文法があるのでしょうか。

　SLA研究者たちは、どのような要因が文法習得を難しくするかということを明らかにしてきています。文法習得を難しくする要因を理解することは、英語教師にとって知っておくべきことの一つだと私は考えます。なぜなら、どんな原因で生徒がつまずいているかを知ることは指導に役立つからです。そして、文法項目によって習得のプロセスが違うのであれば、文法指導も変える必要があるでしょう。

　さらに、本書のテーマに最も関連する理由としては、文法習得を難しくする要因を知ることは、「文法解説が生徒にとって必要かどうか」を決める際の一つの判断材料になる点が挙げられます。もちろん、文法習得を難しくする要因だけで、文法解説が必要かどうかを判断することはできません。他のさまざまな要因（クラスの雰囲気や活動との組み合わせ）も同時に考慮した上での判断が必要になるからです。この点は、後ほど、詳しく説明します。ここでは、「何が文法習得を難しくするのか」、四つの要因について考えてみましょう。

A)「目立ちにくい」＝「気付きにくい」

　目立ちにくい文法項目（3単現・複数形のs, 過去形-edのように、音声的にも強く発音されない等）は、その存在に生徒がそもそも気付きにくくなります。そして、気付かれにくい文法は、習得が起こりにくくなります（Schmidt, 1993）。つまり、目立ちにくい文法は、コミュニケーション（英語を使う）だけを行っていても、その存在に生徒が気付きにくく、習得が遅れると考えられています。目立たない（ゆえに、気付かれにくい）文法項目は、文法解説や生徒がエラーをし

たときに注意を向けさせるといった教師からの指導により、習得を助ける必要があります。

　逆に、文法項目が目立ちやすい（salient）と、生徒が気付きやすくなり、文法解説がなくても、習得が進みやすい部分があると考えられます。例えば、Yes/No疑問文は文の始めの一番目立つ場所で、be動詞と主語が入れ代わり、目立ちます。先ほど述べた、「状況から容易に分かりやすく、間違えると誤解を生んでしまう」文法項目というのも気付かれやすい、という説明ができると思います。他にも、代名詞に関して、南高附属中の先生方も、「他己紹介」の活動をする際に、生徒がhe/sheの違いに気付くということをインタビューで報告されています。別の生徒を紹介するときに、男子生徒のことを指す際に、sheと言ってしまうとおかしいのは明白で、確実に教師からフィードバックが与えられます。このように他己紹介というコミュニケーション活動中に、代名詞という特定の文法項目がハイライトされ、正しい表現方法につながることで、習得が進みやすくなると考えられます。

　このように目立ちやすいゆえに気付かれやすい文法と、目立ちにくく気付きにくい文法があるわけですが、南高附属中ではこれらの具体的な文法項目の種類によって、どのように教えられているかという詳しいことは、今回のインタビュー調査では明らかにできませんでした。

B) 生徒が「複雑さ」でつまずくところ

　複雑な文法は習得が難しいのは当たり前ですが、生徒にとって複雑な文法とはどのような特徴を指すのでしょうか。SLA研究において、文法項目の「複雑さ」は、(a)「形式」、(b)「意味」、(c)「形式と意味の結び付き方」の三つの観点から整理されています（DeKeyser, 2005; Housen & Simoens, 2016）。それぞれの観点において、ルールの複雑さは異なります。

　「形式」に関しては、-ingはどの動詞についても発音は[ing]の一つで、シンプルです。しかし、-edや-sは、動詞や名詞のタイプによって発音やスペルにバリエーションがあり、見た目よりも複雑だと考えられます。このように形式が複雑な形式をマスターするには、簡単なドリルなども含めた練習を行うことも、一つの選択肢になります。実際、南高附属中でも、過去形の形を正しく書いたりできるようにするための練習することがあるようです。もちろん、ここで重要なのは、このドリルの占める時間の割合は、通年ではほんの一部しか占めていないというこ

とです。複雑な文法だからと、文法解説・演習・ドリルだけに時間をかけ過ぎてしまうと、実際に英語をコミュニケーションのために使う「活動」の時間が減ってしまうことに注意する必要があります。

　「意味」に関しては、複数形の-sのように、具体的な事物で確認できるような意味の場合はシンプルです。一方、時制や冠詞の定性のように抽象的な意味を表す文法項目はもちろん複雑になるわけです。

　さらに、「形式」と「意味」の結び付き方の複雑さを考える必要があります。例えば、have/had＋過去分詞（完了形）が表す意味は、「完了」、「経験」、「継続」などの意味がありますが、これらの意味の区別は日本語母語話者にとって複雑です。そして、現在完了や過去形が、どのような副詞句・節と共起するかどうかなどの問題（第3章 Part 2を参照）も習得をより複雑にさせます。さらに極めつけは、-edという動詞の形は、現在完了のみならず、過去形や仮定法などの別の意味も同様の表現形式を使うことがあるため、-edという形が、さまざまな意味とどう結び付いているかを理解することが求められます。

　このように複雑さの異なる文法が英語にはさまざまあるわけですが、解説なしで理解できる部分とできない部分があるはずです。複雑な文法項目は、学習者に任せ過ぎてしまう（英語にただ触れさせて使わせるだけ）と、習得が進まなくなってしまう可能性が高く、注意が必要です。

C) 日本語にない文法は本当に大変

　常識的に考えても、日本語にない文法は解説してあげることで理解が進む生徒が多いでしょう。文法形態素（意味を表す最小の文法単位）に関する習得順序の研究によると、母語にない文法習得にはかなりの時間がかかることが明らかにされています（Murakami & Alexopoulou, 2016）。例えば、母語にない概念や文法形態（冠詞、複数形の-s、3単現の-s）の習得にはとても時間がかかります。一方で、日本語にもある文法形態素（進行形-ing, 過去形-ed、所有格's）は比較的習得が早いようです。このような事実は、教師や学習者の直感にも当てはまりやすいのではないでしょうか。

D）文法学習はルールも丸暗記も両方必要！

　文法解説といえばルールの説明でしょう。しかし、全ての文法項目が100％規則的なルールで説明できるわけではありません。例えば確実にルールで説明できるものには解説は役立つけれども、ルールだけでは完全に説明できないような文法事項（ex. to不定詞と動名詞の使い分け）について細かく解説し過ぎたりすると、逆効果になってしまう可能性もあります。ルールだけで説明できない部分は、「英語ではこう表現する」と割り切って丸々覚えてしまう方が効率がいいときもあるかもしれません。「習うより慣れろ」という方針が役立つときもあるでしょう。

　例えば、前節で紹介したWesは定型表現（formulaic sequence）を多く使っていました（ex. what did you say your name was? You know what I mean? I told you before. Can you imagine. Sure, I would love to.など）。このような定型表現は、Wesは他の人たちがよく使う英語に注意してそれを聞き取り、模倣しながら獲得していったそうです（しかし、Wesは３年間の間に、その決まり文句から、文法規則を見つけ出し応用するというようなことはなかったようです）。

　このような何度も使われる定型表現は、南高附属中の生徒たちも教科書や先生の発話から学び取っていく点が、共通しています。定型表現は、自分が今作れる英語の文よりも、複雑で高度な場合も多く、コミュニケーションを円滑に英語で進める上でとても有効です。このように、定型表現などの「用例（example）」を覚えていくことが、文法発達にどのように役立っていくかは、また後ほど説明します。

　以上のように、文法習得といっても、ルールを獲得しそれを応用するものと、丸々セットフレーズのような形で丸暗記する必要があるものの両方を使いこなせなければなりません。つまり、文法習得には、英語のルールを分析する力に加えて、記憶力も必要で（Martin & Ellis, 2012）、何千時間もの時間をかけて少しずつ習得されていくことを心に留めておきましょう。

【なぜ文法習得は難しいのか？】

・全ての文法が同じように身に付くわけではなく、文法習得のプロセスは
それぞれ違う。
・文法習得を難しくする要因を理解することで、どのような原因で生徒が
文法習得につまずいているのかを理解でき、指導のヒントになる。
・目立ちにくく、複雑で、日本語にない文法項目は習得に時間がかかる。
そして、全ての文法がルールだけで割り切れないため、分析力だけでなく、
暗記力も重要で、習得には時間がかかる。

引用文献　西村秀之・梶ヶ谷朋恵 (2017)「5ラウンドシステムとは」金谷憲 (編著)『英語運用力が伸びる
5ラウンドシステムの英語授業』pp. 15-102、大修館書店

DeKeyser, R. M. (2000). The robustness of critical period effects in second language
acquisition. *Studies in Second Language Acquisition*, 22, 499-534.

DeKeyser, R. M. (2005). What makes learning second language grammar difficult? A
review of issues. *Language Learning, 55*, 1-25.

Housen, A., & Simoens, H. (2016). Introduction: Cognitive perspectives on difficulty
and complexity in L2 acquisition. *Studies in Second Language Acquisition*, 38,
163-175.

Martin, K. I., & Ellis, N. C. (2012). The roles of phonological short-term memory and
working memory in L2 grammar and vocabulary learning. *Studies in Second
Language Acquisition, 34*, 379-413.

McDonald, J. L. (2000). Grammaticality judgments in a second language: Influences of
age of acquisition and native language. *Applied Psycholinguistics*, 21, 395-423.

Murakami, A., & Alexopoulou, T. (2016). L1 influence on the acquisition order of
English grammatical morphemes. *Studies in Second Language Acquisition, 38*,
365-401.

Schmidt, R. (1983). Interaction, acculturation, and the acquisition of communicative
competence: A case study of an adult. In N. Wolfson & E. Judd (Eds.),
Sociolinguistics and language acquisition (pp. 137-174). Rowley, MA: Newbury
House.

Schmidt, R. (1993). Awareness and second language acquisition. *Annual Review of
Applied Linguistics*, 13, 206-226.

第
4
章

Part B　文法「指導」

文法解説の効果はどこまであるか？
―40年のSLA研究で明らかにされたこと―

　文法解説を最小限に抑えている5ラウンドシステムですが、文法解説そのものにはどのような効果があるのでしょうか。SLA研究でよく用いられる「明示的指導」という用語を、ここでは便宜上、「文法解説」と同義で使います。明示的指導の効果について、8個の主要なSLA理論の中でも、五つの理論は文法習得を促進する上で重要な役割を果たすと述べている一方で、残りの三つの理論では、明示的指導は重要ではないとしています（Ortega, 2015）。SLA研究といっても、一枚岩ではなく、さまざまな理論的なバックボーンから、研究が積み重ねられていて、明確に明示的指導が必須か否かを一つの理論だけ取り上げて断言するのは少々乱暴ですし、有意義とはいえないでしょう。

　実証的な研究に関して言えば、明示的指導（文法解説）の効果に関する研究は、1980年代から約40年近く研究が行われていています（ex. Norris & Ortega, 2000; Goo et al., 2015）。その一連の研究の成果をまとめると、以下のようになります。

　文法説明を行う明示的指導は、明示的指導がない場合に比べて、穴埋め問題などで測られる文法知識の習得（時間をかければその文法の意味を理解できる）には役立つが、どれだけ素早く運用することに関して役立つかは十分に分かっていない。

　後者の「素早く運用できる」ことがコミュニケーションをするために必要であり、明示的指導がどれだけ必要かどうかが最も重要な点ですが、研究手法上の課題も多くあり（Doughty, 2003）、まだ検証は十分に行われているとはいえません。

やっぱりSLA研究は役に立たない？─実践との接点を求めて─

　明示的指導（文法解説）と運用能力育成の明確な関係に関する結論は出ていないと聞いて、もっと明快な答えを求めていた読者の方は、がっかりしたのではないでしょうか。もしかすると、SLA研究は（まだ）全然役に立たないではないかと思われた方もいるかもしれません。SLA研究の歴史はまだ50年くらいであり、まだまだ分からないことは自然なことかもしれません。一方で、本章の冒頭で述べたように、そもそも英語授業・英語学習自体が極めて複雑な認知的メカニズム・プロセスを含むため、「文法解説は常に必要だ」「文法解説は決してしてはいけない」などというような単純化された答えは出しにくいわけです。

　SLA研究の知見には、文法指導のヒントがたくさんちりばめられているのですが、そのヒントと実践の接点を見逃してしまえば、SLA研究は英語教育にはまったく関係ないと感じるのも仕方ありません。SLA研究が（今のところ）明らかにしていることが、文法指導に関する大枠の考え方に関してであったり、短期間での特定の条件における指導効果であったりと、複雑な事象の一側面を切り取っただけにすぎないため、その知見に実践との接点を見いだしたり、活用するには、読者（教師）の解釈力に（想像力にも？）委ねられている部分があるのかもしれません（そして、そのSLA研究と実践の接点を説明する筆者の力量も問われているのでしょう……）。

　SLA研究は、文法指導について考える際、一つの考えるツールになると思います。そして、SLA研究で明らかにしている知見や理論を、うまく活用して、目の前の生徒にどう文法を教えればいいか教師自身が考えてほしいのです。SLA研究者たちは、いろいろな環境・条件で明示的指導の効果を調べる中で、解説をすることで文法習得がグンと進むときと、まったく進まなかったり、時には逆効果になったりすることもあるという事実を少しずつ積み上げてきています。

　そして研究の成果をひもといていくと、文法指導を効果的に行うには、教室、教師、生徒というさまざまな要因を同時に考えることの重要性が浮き彫りになってきます。そのような複雑な諸相を、SLA研究を通して考えることで、教師の視野を広げてくれたり、深く考えたりするための視座を得られる。このようなことが、少なくともSLA研究の一つの役割なのかもしれません。

　最後に、もう一度言います。SLA研究との付き合い方はいろいろとあると思い

ます。そもそも研究に実践上の明確な答えを求め過ぎるような態度（？）自体を取ることが難しいこともあります。研究にだって、分かり得ないこともあるのです。だからSLAは役に立たない、という先入観を持ってしまうと、SLA研究と実践のつながりを見いだしにくくなってしまいます。少し理想は高いかもしれませんが、できるだけ多くの読者の方がSLAの知見を、実践の接点を考える際のヒントとできるように、南高附属中の実践例を出しながら、SLAで文法指導の効果について分かっていること・分かっていないことの整理をしたいと思います。

明示的知識の役割と限界

　文法解説と運用能力育成の明確な関係に関する結論は出ていませんが、今までのさまざまな研究成果を整理すると、明示的指導を行って、学習者が明示的な知識（意識的に学んだ文法規則）を身に付けることで、運用能力を培う上で、少なくとも三つの利点があると考えられています（ex. Dörnyei, 2009）。

A）読んだり聞いたりするときに、特定の言語形式に気付いたり，注意をより向けることができるようになる
B）話したり書いたりするときに、特定の言語形式を意識しながら練習して、より正確に使えるようになる
C）「言語形式への気付き」や「意識的な練習」を促すことで、記憶、言語分析などが苦手な学習者の文法習得を補助することができる

　上記の明示的知識の効能には、同時に限界もあるという点を、南高附属中の英語授業に結び付けながら、説明していきます。

A）英語を読んだり聞いたりするとき

　南高附属中では、教師と生徒、生徒同士のやりとりから、大量のインプットを聞いています。しかし、そのインプットを理解するときに、注意を払える部分は限られています。通常は英語を聞いているときは、「意味」を理解することで精いっぱいで、どのような「言語形式」が使われているかということまで気が回りません。例えば、教師がLast weekend, I skied in a mountain in Niigata.と言った場合、

「先週新潟でスキーをした」ということを理解するので十分で、過去形のskiedの-edにまで注意を向けて、この文を処理する生徒はまれではないでしょうか。なぜなら、最初にLast weekendという先週末にした過去の話をしていることは、-edのような文法項目を聞き取らなくても、十分に意味が理解できてしまうからです。そのため、意味と同時に、形式にも注意を向けることができるようにさせるには、明示的文法指導などで文法形式に注意を向けさせながらインプットの意味を理解しなければならない練習を用意してあげるといいでしょう（ex. 詳しくは新谷, 2017を参照）。

　ここで注意しなければならないのは、文法説明を一度行えば、その授業内では過去形へも注意しながらインプットを読んだり・聞いたりする生徒が増えるかもしれません。しかし、次の授業になっても、同じように全員の生徒が過去形に対して注意を払っているかというとどうでしょうか。一度だけ説明して、過去形についての知識を得ても、それがうまく活用し続けられる生徒はほとんどいないでしょう。何度も繰り返し、さまざまな方法でインプットに含まれる文法項目を適切に処理する必要があります。また、生徒が触れるインプットには、過去形以外にも、さまざまな文法項目が含まれています。複数の文法項目に関する知識を同時に活用しながら、インプットを処理することも、特に初級者にとっては至難の業でしょう。このような限界点も理解した上で、文法指導の利点を総合的に判断する必要があります。

B) 英語を書いたり話したりするとき

　文法解説などから得た文法規則を知っていれば、発信（アウトプット）にも役立ちます。例えば、南高附属中では過去形について集中的に使う時期があるそうです。例えば、先週末にしたことや、昨晩したこと、夏休みにしたこと、恥ずかしかったことなど自分の過去の経験に関するテーマでチャッティングを毎回授業で行い、過去形を使う練習をします。このような時期に、過去形の正しい形についてあらかじめ頭に入れてから、活動することでより効率的に習得が進むかもしれません。

　もちろん特定の文法項目に注意を向けながら練習することで、効果的に文法を正確に素早く使えるようになるでしょう。しかし、読んだり、聞いたりするときと同様に、学習者が注意できる容量は限られています。なぜなら、英語を話した

り書いたりするときには、さまざまなこと（言いたいことを考えて、単語や発音を思い出したりするなど）を同時処理しているため、余裕がありません。そのため、一度に注意を向けられる文法項目の数は限られているでしょう。先ほどの南高附属中の過去形の練習のように、特定の文法に絞った上で、集中的に練習する時期などを設けるのは良いアイデアだと思います。このような集中的に特定の文法項目を練習している時期は、英語を聞いたり読んだりしている時も、注意がその形式へ注意を向けやすいなどの副次的なメリットもあるかもしれません。

C) さまざまな特性を持つ生徒がいることを想定して

　南高附属中のように「文法解説なし」というカリキュラムの特質の影響で、文法習得が早く進む、あるいは遅くなってしまう生徒はどれくらいいるのでしょうか。SLA研究は、文法習得のスピードおよび最終到達点は、個人の持つ特性によって大きく異なることを明らかにしています（ex. DeKeyser, 2000; Granena & Long, 2013）。例えば、年齢、言語適性、動機付け、性格などさまざまな個人差要因（Dörnyei & Ryan, 2015）が習得に影響を与えるといわれています。

　その中でも、特に最近注目を浴びているのが、言語適性（外国語を学ぶときに役に立つ記憶や分析能力などの能力）の役割です。特に言語適性が低い学習者にとって、先に文法を解説してから練習させることで、学習が進みやすくなることが明らかにされています（Erlam, 2005; Sanz, Lin, Lado, Stafford, & Bowden, 2016）。つまり、文法解説をしてあげることで、自分で文法を分析することが難しい生徒たちの文法習得をサポートすることができるということです。

　一方で、先に文法解説することが誰にとっても有効だと短絡的に考えることには注意が必要です。どのような文法項目に関して、どのような説明をするなどによっても効果が変わる可能性があります（Spada & Tomita, 2010参照）。また、あまりに難しい文法説明は学習者を混乱させるだけで、逆効果になり得ることも忘れてはいけません。

　さらに、学習者が文法解説してもらいたいと思っているかどうかも考慮する必要があるでしょう（向山, 2015）。文法ルールを最初から丁寧に解説してもらうことで安心する学習者もいれば、解説よりも先に使っていく中で文法を身に付けていく方が合っている学習者もいます。上記のように、さまざまな生徒個人の特性を理解した上で、文法解説の役割を考えることが重要になるでしょう。

本書のインタビュー調査では、南高附属中の個々の生徒に関して、解説をしないことへの生徒の感じ方や、文法習得に著しく後れを取っている生徒がいるのか、いるとしたらどのような特性の生徒なのかというようなことは明らかにできませんでした。今後は、客観的な調査方法も組み合わせながら、個々の生徒の文法習得を調べる必要があるでしょう。

【文法解説の効果はどこまであるか？】

> ・40年のSLA研究をまとめると、明示的指導を行うことで、穴埋め問題などができるようになるが、運用を可能にするために明示的指導が必要か、また効果的かどうかに関する結論は出ていない。
> ・明示的指導は英語を使う際に役立つときもあるが、デメリットも同時に考えることが重要である。
> ・個々の生徒の特徴、文法項目の性質などさまざまな要因を考慮して、明示的指導の効果を考えるべきである。

文法解説のタイミングはいつがいいか？―先か後か―

　日本の英語授業の文法指導の流れとしては、先に文法の解説を行ってから演習問題をさせることが一般的です。しかし、南高附属中では、先に文法を教えるということをまったくしません。南高附属中の基本的な方針は、ある程度インプットに触れて使う練習をした後に文法を教えるということです。SLA研究では、文法をどのタイミングで教えると、学習者はどのように学び、どのような効果があるのかということを明らかにしてきています。文法指導のタイミングに関する研究は最近行われ始めたばかりで、まだ研究の緒に就いたばかりですが、最新の研究で分かっていること・分かっていないことを、南高附属中の実践と結び付けながら議論します。

後に解説することの効果―生徒の頭の中で起こる習得プロセス―

　まず、南高附属中では、どのように後に文法を教えているか確認しましょう。

例えば、「関係代名詞」という新しい文法事項を含む英文が最初に出てきても、その文の意味を理解できていれば、解説は行いません。何度も関係代名詞が出てきて、関係代名詞のwhichやwhoやさらには関係代名詞を含む句をいくつか覚えてきた段階で、その形式について注意を向けさせる「後に教える」文法指導のアプローチが中心です。また、「後に教える」とは、学習者が英語を使う活動をした後に、生徒が間違えた箇所に対して、文法解説などのフィードバックを与えることも含みます。

　「後に教える」ことで、生徒の頭の中ではどのようなことが起こっているのでしょうか。SLA研究で最近注目を浴びてきているUsage-based approach（使用依拠アプローチ）という理論を通して説明します（N. C. Ellis & Wulff, 2015）。使用依拠アプローチという言語習得の考え方の一つ大事な点として、言語の使用を繰り返し行うことで、ボトムアップ的に習得が起こるということです。使用依拠モデルを支持している研究者が、文法を後に教えるべきだと必ずしも主張しているわけではありませんが、この習得に対する考え方は有益な視点を提供してくれます（ex. Goldberg, 2019; N. Ellis & Wulf, 2015; Tomasello, 2003）。例えば、以下のようなPutに関するインプットを学習者が得た場合.

☐ Put it on the table.
☐ Put it on the table.
☐ Put it on the table.
☐ Put it on the desk.
☐ Put it on the kitchen.

　頭の中に蓄積されたPutに関する用例から、 Put it on Z. という構文 (construction) を、ボトムアップ的に頭の中に構築します。そしてさらに、以下のようなインプットを得ると、

☐ Put it in the bag.
☐ Put it in the trash.
☐ Put it in the fridge.

　 Put it Y Z. という、より抽象度の高い構文が自然と頭の中に出現します。こ

こまではPutという動詞に個別の構文を頭の中に作っています。さらに、以下のような別の動詞を含むインプットを（大量に）得ると、

☐ Run it at the road.
☐ Get me on the way.
☐ Let me at the ball.

[動詞＋目的語＋場所]というさらに抽象度の高い構文ができあがるだろうと考えられています。上記のように、[Put it on Z.]、[Put it Y Z.]、[動詞＋目的語＋場所]という３種類の構文は、全て語順に関するルール、つまり文法と捉えることもできます（N. Ellis & Ferreira-Junior, 2009）。もちろん、それぞれの抽象度は異なりますし、最初の二つはどの動詞でも当てはまる規則ではなく、特定の用例にひも付いた規則ということになります。使用依拠モデルでは、「文法」とは「インプットの蓄積から生まれる、さまざまな抽象度を含む規則らしいもの」と考えることができます。このような「文法」というものが、いわゆる純粋な規則だけではなく、具体的な構文も文法を構築する上で重要なのではないかと考えられています。

　まとめますと、以下の図15のように、文法（構文）習得は、ボトムアップ的なプロセスを経て習得が進むとまとめられます。先に文法について解説を受けるのではなく、大量の英語インプットとアウトプットの結果、英語のさまざまな表現が頭の中に残り、その後に文法解説（整理）してあげる。このような文法習得プロセスは、南高附属中の生徒たちの頭の中で起こっていることをうまく説明できるのではないかと思います。

図15 ● 使用依拠モデルから見た文法（構文）の習得プロセス

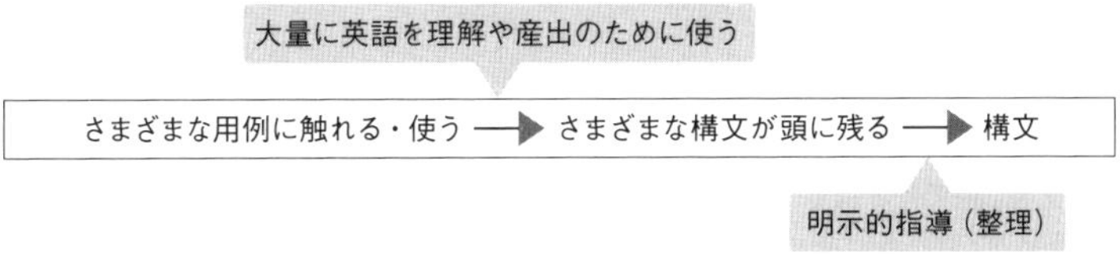

大量に英語を理解や産出のために使う

さまざまな用例に触れる・使う ⟶ さまざまな構文が頭に残る ⟶ 構文

明示的指導（整理）

　さて、最後に「使用依拠モデル」について勘違いされやすい点を述べておこうと思います。上で説明した構文を習得するプロセスは、「いくつかの例文を文法

参考書で読む」というようなこととはまったく違うということです。また、英語の授業で「帰納的に文法を導入する（第1章参照）」として、教師が特定の文法項目を含む複数の例文を提示して、そこから帰納的にルールを生徒自身に導かせる方法があります。これも、使用依拠モデルの想定する文法習得プロセスとは違います。

　使用依拠モデルが想定しているのは、何度も、さまざまな文脈で、さまざまな用例を理解・産出して（つまり英語をたくさん（！）使うことで）、頭の中に用例が蓄積されて、構文を使う力が身に付いていくプロセスです。この「英語を使用する」という点が、使用依拠アプローチの焦点にあるわけです。そして、ここで重要なのは、使う「頻度・量」です。

　実際、南高附属中の生徒たちは、いきなり最初から抽象的な規則（文法）を教わるのではなく、さまざまなコンテクスト（先生とのインタラクションや教科書のダイアローグなど）に埋め込まれた英語を学びます。しかも、それを何度も何度も、しつこく（！）繰り返し学びます。その表現が徐々に蓄積されていって、そこからルールが生まれます。このような長いプロセスは、一般的に行われている「参考書の例文を読む」ことや「帰納的な文法指導」とは決定的に違います。もちろん、このような学習方法に意味がないということではなく、質が似て非なるものであり、誤解されることのないよう強調しておきます。

実証研究で分かっていること・（まだ）分からないこと

　管見の限り、後に教えるとどのような効果があるかを実証的に調べたSLA研究は多くありません。その中でも、(a) 明示的指導のタイミングの効果と (b) 訂正フィードバックのタイミングの効果を調べた研究を紹介します。

　まず、明示的指導のタイミングの効果を調べた研究は3件ありますが、総じて、明示的指導を先に行った方が、後に行うよりも効果的だという結果が明らかにされています（Li, Ellis, & Zhu, 2016; Shintani, 2016, 2019）。

　次に、英語を話している間に学習者の文法エラーへのフィードバック（即時フィードバック）を行うか、何度か活動を行った後にフィードバックをするか（遅延フィードバック）という比較をした研究が二つあります。一つの研究（Li, Zhu, & Ellis, 2016）では、即時フィードバックをその場で与える方がいいというデータを提示しており、もう一方の研究（Quinn, 2014）では即時と遅延フィードバッ

クには差がないことを示しています。研究の数が少なく、一般化することは現段階では難しいですが、遅延フィードバックの方が、即時フィードバックと比べて効果的だということを示した研究はないようです。

　つまり、(a) 訂正フィードバックと (b) 明示的指導のどちらにおいても、後に行うことは先に行うよりも効果的だったという証拠はありませんでした。しかし、このような研究結果から安直に、後に教えること（適切な指導のタイミングを待つこと）の意義をおとしめてはいけません。なぜなら、今までの研究ではさまざまな制約から実験が行われているため、後に教えることの効果が出にくいようになってしまっている可能性が高いからです。逆に言えば、南高附属中のように、後に教えることの効果が出る条件とは何でしょうか。ここでは重要だと考えられる二つの要因について説明します。

① 英語を使う機会をとにかくたくさん設ける！

　今までの研究で、後に明示的指導を行うことの効果が出なかった理由の大きな一つとして、後に文法を解説した後にさらに英語を使って練習する機会が十分に与えられていなかった点があります。さらに、南高附属中のように、何カ月以上にもわたって、何度もさまざまな表現などに生徒が触れてから、文法を後で教える―整理する―というようなことは、今までの研究では調べられていません。つまり、従来の研究では、明示的指導の前後での英語を使う量というものが圧倒的に少ないため、後に文法を教えることの効果が出にくいといえます。逆を言えば、前後に使わせる量を（大量に!!）確保しないと、文法を後で教える意味はありません。特に、文法を後で教えることを「整理する」と捉える場合、整理するだけの英語の表現が生徒の頭の中にたくさん入っていないと、整理そのものの意味を成さないわけです。どのくらいの英語の表現が頭の中に入っているときに整理してあげればいいのかということに関しては、まだ研究ではまったく調べられていませんので、今後の研究が必要でしょう。

② 教えっぱなしで終わらない！

　また、英語を使う活動の後に遅延フィードバックを行うことの効果について考える際も、遅延フィードバックのタイミングや頻度をもう少し掘り下げて考える必要があると思います。例えば、Li et al.（2016）では、遅延フィードバックは2回の英語を使う活動が終わってから訂正フィードバックが一度だけ与えられました。

つまり、Li et al.（2016）では、フィードバックを与えて、そこで終わりだったわけです。

　このような「教えっぱなし」で終わらなかったのが、Quinn（2014）の研究です。Quinn（2014）の研究では、3回の英語を使う活動を行わせており、活動が終わるごとに毎回訂正フィードバックが与えられました。遅延フィードバックが、次のタスクへの事前指導（フィードフォワード）になっていたともいえるかもしれません。このようにフィードバック後の活動を行うことで、Quinnの研究は、遅延フィードバックと即時フィードバックには差がないくらい同等の効果を上げたのかもしれません。

　さて、もう一度南高附属中との関連を見てみましょう。南高附属中では、一人の生徒（ここでは生徒Aと呼びます）がクラス全体にリテリングをした後に、遅延フィードバックを与えるとします。その後に発表する生徒Bや生徒Cは、生徒Aへのフィードバックを聞いていますので、フィードバックを生かした発表を心掛けるかもしれません。また、リテリングの発表後に、再度個人練習の機会が与えられれば、生徒Aのフィードバックを聞いた全員の生徒が、訂正されたり、解説されたりした文法などに気を付けながら音読やリテリングを練習するかもしれません。フィードバックだけで終わらせずに、教師の声掛け・指示により、正確さへの注意を促すことが肝心でしょう。南高附属中での5ラウンドシステムでもリテリングなどの発表活動後に、教師が遅延フィードバックを与える場合、そのフィードバックが、次の発表者への「フィードフォワード」になり、ポジティブな影響をさまざまなレベルで（言語の正確さの向上に加えて、クラスの雰囲気や生徒のモチベーション上昇なども）引き起こしていることが推察できます。

先に解説することの効果―生徒の頭の中で起こる習得プロセス―

　文法を後に教えることの効果に関しては、前節で説明したようにSLA研究ではまだ十分な検証がされてはいません。しかし、インタビュー調査の結果から、南高附属中では文法を後に教えることを効果的に用いて、日本の中学校では今まで考えられないほどの驚異的な成果を上げています。それでは、全ての文法を後に教えた方がいいのでしょうか。先に文法を解説することに効果はないのでしょうか。

　いくつかのSLA理論に照らし合わせて考えると、先に解説した方が効果的であるケースもあるようです。もちろん、必ず文法を先に解説すべきだという短絡

的な結論に走ることなく、先に文法を解説することで起こり得るデメリットも押さえながら、先に解説することで、頭の中でどのようなことが起こり、習得が促進されるか考えていきましょう。

　SLAの理論の一つであるスキル習得理論（Skill Acquisition Theory: DeKeyser, 2015; 鈴木, 2017）をここでは紹介します。この理論では、人間のさまざまな技能（例：スポーツ全般、自転車の乗り方、スマートフォンの使い方）の獲得過程と同じように、英語のスキル習得も進んでいくとしています。スポーツに例えてみると、バスケットボールの正しいシュートフォームについてコーチから説明を受けて、何千本、何万本のシュート練習をすることで、シュートが上達するわけです。そのシュート練習の過程で、コーチの説明を理解したり、フィードバックをもらったり、さまざまな練習を試してみることの重要性は誰もが納得するところでしょう。

　この理論を文法習得に応用すると、以下のようになります。まず最初に文法解説などを理解して文法知識を勉強することで、「明示的知識」を身に付け、その文法規則（およびその用例）を意識的にゆっくりと使うことができます。例えば、この最初の習得段階では、過去形の規則形は-edを動詞の語尾に付けるということを理解していたり、説明できたりすることを指します。しかし、スピーキングのような即時性が求められる状況では、このような明示的知識だけでは不十分です。そのため、明示的知識を先に頭の中に入れた後に、その明示的知識を補助輪としながら、英語をたくさん使う練習をすることで、より正確に、そして素早く使えるようにする必要があります。何千何万という大量の時間をかけて、英語を理解・表現する練習を積むことで、よりスムーズに、素早く文法知識を使えるようになることを「自動化」といいます。最終的には、この「自動化された文法知識」を身に付けることがゴールとなります。

　つまり、スキル習得理論を理論基盤として、前に文法を教えることで、図16のような習得プロセスを経て、文法知識が自動化されスピーキングなどでも自由自在に使えるようになっていくことが想定できます（ex. DeKeyser, 2015; Suzuki & DeKeyser, 2015; Suzuki, 2017）。研究者によっては、この自動化された知識が、無意識に使える「暗示的知識」であると主張するSLA研究者（ex. R. Ellis, 2009）もいますが、文法のルールを意識せずに使えるかどうかよりも、まずはさまざまなコミュニケーション場面で、意識的であっても素早く使えるようになることが重要だと思います（Suzuki & DeKeyser, 2017）。

図16 ● スキル習得理論から見た文法の習得プロセス

大量に英語を理解や産出のために使う

明示的指導（解説）──▶ 明示的知識 ──▶ 自動化された明示的知識

　最後に、スキル習得理論について、誤解されやすい点を説明します。「自動化」とは、学習プロセスの「結果」であって、原因ではありません。つまり、「素早く処理させる機械的な練習（例：早く音読させる)」をすれば、「自動化」するわけではありません。最初は意識的に使っていた知識が、大量に英語を理解したり、産出したりした結果、より素早く使えるようになったということにすぎません。それでは、このスキル習得理論による習得プロセスを仮定するとして、文法をどこまで活用できるようになるかということについて研究で分かっていることを見ていきましょう。

実証研究で分かっていること・(まだ) 分からないこと

　明示的な文法知識を教えて、その文法を含む文を理解したり、産出したりすることを何度も練習することで、その文法を素早く使えるようになることが明らかにされています (ex. DeKeyser, 1997; Suzuki, 2017)。一方で、そのような自動化の過程を調べる研究方法としては、実験参加者に対して見たことのない人工言語の文法を学ばせて、特定の文法項目のみを限られた文脈や形で使うという「機械的なドリル練習」が用いられています。そのため、限られたコンテクストや練習方法でのみ学んで身に付いた自動化された文法知識が、より自然なコミュニケーション場面でも使えるかどうかまでの検証はまだ十分に行われていません (cf., Sato & McDonough, 2019)。

　文法の形式だけを正しく使うことだけに焦点を向けているドリルだけでは、英語が使えるようになると考えるには無理があります。文法をコミュニケーション場面でも使えるようになるには、コミュニケーションのために文法を使わせる必要があります。もう少し厳密に言うと、「文法形式」とその表す「意味」の結び付き、そしてそれを使う「場面」を常に意識させながら、適切なコミュニケーション練習をすることが文法習得には必須だということです (Celce-Murcia&Larsen-Freeman, 1999; Lightbown, 2008)。誰も、畳の上だけで水泳の練習をしていて

も泳げるようにならないことと一緒です。

　それでは、どのようなコミュニケーション練習が文法習得に効果的なのでしょうか。日本の中高での英語授業の制約（例：検定教科書、授業時間数、クラスサイズ）の中で、効果的に用いられている一つの活動として、リテリングがあります。一見すると教科書の英文の「暗記」とも捉えられかねませんが、なにかしらの情報を他の人へ伝えることは、日ごろ私たちが日常的に母語でも行っていて、コミュニケーションの活動の一つと捉えることができると思います。最近では、日本や中国のような環境での英語授業において、明示的な解説を先にしてから、リテリングなどのスピーキング活動による文法練習をすると、どのような効果があるかを検証している研究が行われてきています。それらの研究成果から言えることは、以下の3点にまとめることができます。

・明示的知識（ゆっくり使える文法知識）が身に付く（Li, Ellis, & Kim, 2018; Li, Ellis, et al., 2016; Shintani, 2017, 2019）。
・実験で学ぶ文法項目についてある程度知っていれば、「自動化された文法知識」も身に付くことがある（Li, Ellis, et al., 2016）。
・生徒が解説された文法項目をリテリングでもっと多く使い、正確にも使えるようになる（Mochizuki & Ortega, 2008）。

　後に解説することの効果と違い、具体的に先に教えることの利点が実証的に明らかにされています。特に3点目に示したメリットは、後で教えるのではなく、先に教えることで、生徒が自主的に使わないような文法項目（ex. 関係代名詞や受け身）を引き出すことができるという点で特筆すべきだと思います。しかし、上記の研究成果から、「先に文法を解説するべきだ」というような結論を早急に出すことは避けなければなりません。なぜなら、先に解説して練習することで文法習得が進むためのさまざまな要因・条件を考慮しなければならないからです。

　繰り返しになりますが、英語の文法習得とは、複雑かつ多様なプロセスです。短絡的な結論や極論に走ってはいけません。ここまでなぜ何度も強調するかと言うと、文法指導の役割についての議論が、しばしば極端な立場の意見同士（必要か否か、先か後か等）の水掛け論になってしまい、結局文法指導についての理解が深まらないと感じることがあるからです。SLA研究と5ラウンドシステムの接点を保ちながら、多角的な観点から整理を続けたいと思います。それでは、文

法を先に教える際に考慮すべき四つの要因を提示します。

① どの文法項目か？

　ここで取り上げた研究では、主に習得難易度の高い文法事項（仮定法過去完了、受動態、関係節）をターゲットとしていることです。そのため、難易度の高いものではく、難易度の低いものは先に教える必要があるかどうか・効果的かどうかについてはまだ十分に分かっていません。また、これらの文法項目は、中学校の１、２年生の教科書にはほとんど出てこない文法事項です。そのため、中学校の２年生までの文法事項について直接調べている研究は見当たりませんでした。

② どれだけ学習者が文法を知っているか？

　南高附属中での５ラウンドシステムは中学校のカリキュラムですので、文法を先に解説するかどうかということは、その文法項目が新出事項かどうかという問題と多くの場合一致します。前述の研究の中には、日本人大学生を対象にして、既習事項の文法解説をしたもの（Shintani, 2017, 2019）と、中学生を対象にして新出事項を文法解説したもの（Li et al., 2018; Li, Ellis, et al., 2016）があります。後者の場合、特に、まったく初めて学ぶ新出の文法事項に関して、先に教えてから練習を行っても、スピーキングなどで発信的に使えるようになるには難しいということが報告されています（Li et al., 2018; Li, Ellis, et al., 2016）。

　もちろん練習の量が多く確保されれば、より発信的に使えるようになるはずです。しかし、現段階では、どれだけの練習を行えば、新しい文法事項をどのくらい使いこなせるようになるかということは、あまり分かっていません。さらに言えば、どのような活動であれば、自動化しやすいかということもほとんど明らかになっていません。ただ、今までの研究のように、ほんの数週間で何回かの授業で練習しても、自由自在には使えるようにはならないでしょう。先に述べた「自動化」するということは何千、何万という時間をかけた練習を経て、ゆっくりと上達していく長いプロセスが必要です。その長い過程の中で、明示的知識や教科書の本文などのような補助輪を使いながら、意識的に練習を繰り返すことが自動化に必要であり、まさにこの部分が、スキル習得理論の最も説明できる部分になると思います。

　一方で、補助輪が練習の開始時から完璧でなくとも（つまり明示的な文法知識が完全でなくても）、特定の文法項目を使う必要性の高い、意味ある文脈で練習

を繰り返し何度も行うことができれば、文法を運用できるようになるかもしれないということを示唆している研究も出てきています（Sato & McDonough, 2019）。例えば、疑問文の作り方に関する明示的文法知識が完璧でなくとも、ある一定度あれば（doやdoesを主語の前に置くなど）、練習中に徐々に正しい形へ注意を向けることができるようになり、正確に使えるようになっていく可能性があるということです。最初から必ず完璧な知識を持っていなくても、使いながら知識も運用も高めていくという発想も重要かもしれません。

　最後に、リテリング活動などを通した英語スピーキング活動と文法指導の効果を考える上で、特定の文法項目に関する前提知識以外の学習者の準備段階を考慮する必要があると思います。研究では、学習者は初見の英文のストーリーを何度か聞いたりしただけで、リテリング練習をするという条件で、文法指導の効果が調べられていました。一方、南高附属中の5ラウンドシステムの場合、リテリング活動で用いる英文のストーリーは初見ではなく、すでにリテリングの練習に入る段階では、生徒はそのストーリーを十二分に把握しています。このような準備ができていることで、学習者は、内容は理解していて、文法にも気を付ける余裕があるので先に文法解説することで練習効果がもっと出やすくなる可能性もあり得るかもしれません。

③ 生徒の英語力はどれくらいか？

　さらに学習者の英語力の高低によって、明示的文法指導を先に行った方がいいかどうかが変わってくるのではないかということを示唆する研究が最近の国際学会で報告されています（Michaud & Ammar, 2019）。英語習得ではなく、カナダの大学でのフランス語の授業における研究ですが、フランス語の習熟度が高い（CEFRのB2）クラスでは、先に教えると効率的に文法習得（仮定法）が進みやすく、フランス語の習熟度が低い（CEFRのB1）と、タスクを行ってから文法を教えた方がよいということが報告されています。ここで興味深いのは、習熟度が低い方が、文法を先に教えてあげた方が習得が進みやすいというわけでは必ずしもないという点です。まだ習熟度が低いから先に教えてあげるべきだと考えるよりも、まず先に使わせてみてから解説する方が、その解説が腑に落ちるのかもしれません。しかし、この研究の習熟度が低いクラスであっても、CEFRのB1ということで、ほとんどの日本の中高生の英語力よりも高い外国語能力を持っていますので、どこまで日本の中高生への指導に当てはまるかは今のところ分かっ

ていません。日本のコンテクストでの追検証が待たれます。

④ 先に解説することの「副作用」はあるか？

　最近の研究では、最初に文法解説をしてしまうと、口頭でリテリングのパフォーマンスが下がるのではないかという可能性が指摘されています（R. Ellis, Li, & Zhu, 2019）。例えば、受動態について文法説明をした後に、受動態が入ったまとまった量の英文のリテリングを行うと、受動態を正しく使おうとすることに注意資源を割かれてしまい、他の文法項目の正確さや、流暢性が下がってしまうかもしれないようです。この研究から得られる示唆として、例えば、教師がある文法項目Aを明示的に解説して教えて、学習者にその文法形式へ注意を払わせようとしても、残りの複雑に組み合わさる文法項目B, C, D, E, G, H…まで注意を同時に向けることは必ずしもできないわけです。そのため、基本的な部分が十分に使えるようになる前に、次々に新しい文法を解説していって、新しい文法も同時に学び取っていくことを期待し過ぎることは、生徒の英語習得プロセスを無視してしまうことになりかねませんので、注意が必要です。南高附属中のように、「生徒が欲するまで解説をしない」という判断をすることは、このような副作用をうまく回避しているといえるかもしれません。

　一方で、上記のR.Ellisらの研究で示されたような、ほんの数回の練習中に受動態以外の文法の正確さや流暢性が下がったとしても、その後何度も繰り返し練習をこなすうちに、全体のスピーキング力の向上が見られる可能性もあると思います。教師が副作用を怖がって、生徒の文法練習のレパートリーを増やしたり、正確さを伸ばしたりするような「プッシュ」をしなければ、生徒の英語力は伸びる機会を失ってしまうかもしれません。重要なことは、教師が生徒の発話や作文を観察・モニターしながら、いつどのような解説・助言を行えばいいのかということを考える癖を付けておくことだと思います。

【文法解説のタイミングはいつがいいか？】

　・ 文法解説のタイミングを変えることで、生徒の頭の中で起こる習得プロセスが変わる。
　・ 後に教えることのメリット：いろいろな表現などが生徒の頭の中に入った後に解説を行うことで、文法解説が理解しやすくなる。

- 先に教えることのメリット：正確な文法知識を使いながらリテリング練習ができ、もっと多く正確に素早く使えるようになる。しかし、文法項目の種類や生徒の発達段階を考慮しながら解説を活動に生かすことができるように注意しなければならない。
- どのタイミングが最適かはさまざまな要因によって変わるため、教師の適切な判断が必要である。

本当にその文法解説は必要か？
―「解説」と「活動」のトレードオフ ―

　ここまで、5ラウンドシステムにおける文法指導の役割を考えるため、文法解説に関する諸問題をSLAの観点から整理してきました。正直、南高附属中の文法指導と文法解説の効果に関するSLA研究の知見がピッタリとかみ合うことは多くなかったかもしれません。南高附属中は3年間という長期間にわたり、英語をたくさん使わせて文法は後で整理することを徹底していました。片や、SLA研究では、極めて短い調査期間において、文法解説の効果を調べることにとどまっている研究がほとんどで、コミュニケーションで運用できるレベルの文法知識を調べることができていません。英語をコミュニケーションのために使う活動が十分確保できている状況で、文法解説の役割を調べない限り、まだまだ文法解説の本当の役割は分からないでしょう。

　南高附属中の「文法解説は全て後まで保留する」という原則は極めてシンプルですが、その前提として、英語を（本当に大量に!!）読んで、聞かせて、覚えさせて、話したり、書かせたりしています。英語を使う量を確保すると、必然的に文法解説をする時間は減ります。仮定の話として、全体の時間を100として、(a) 文法解説と (b) 英語を使う活動の割合を以下の二つの授業でイメージしてみましょう。

① 解説中心（a:b = 95:5）
② 活動中心（a:b = 5:95）

　極端過ぎるかもしれませんが、①のような解説（および演習問題）ばかりで、

ほんの少しの活動時間では英語は身に付きません。そして、活動時間を確保するには、解説を減らす必要があるでしょう。その解説と活動の最適な割合に関して、SLA研究は行われていません（Nation, 2009参照）、そもそも最適な割合は、さまざまな要因によって決まってくるため、研究で答えを出すことができないところもあるでしょう。

　5ラウンドシステムは英語を使う活動を重視した②に当てはまります。そして、今までの日本の英語授業では考えられないほど、生徒の英語力を驚異的なレベルまで伸ばしています。一方で、このように活動の割合が多くなるほど、文法の正確性は大丈夫なのかと心配になるわけです。解説はさまざまな場面で有効になり得ます。しかし、解説は常に活動時間とのトレードオフであることを忘れてはいけません。実際に、活動に重きを置くとして、100分の5だけしか文法解説に時間を使わないとします。自然と本当に必要な文法解説にだけに絞る必然性が出てきます。この100分の5の文法解説の限られた貴重な時間をどのように活用するかは教師次第です。つまり、文法指導と取捨選択は切っても切り離せない関係にあるわけです。

どうやって取捨選択する？

　南高附属中の5ラウンドシステムでは、まずはたくさん英語を使わせることを優先して、「文法解説を全て後まで保留して、必要なときにちょこちょこと解説する」のが原則です。もう少し具体的に、南高附属中の先生方がどのように文法解説をするかどうか判断しているか知りたいと思いインタビューでも尋ねましたが、今回の調査では詳細についてはよく分かりませんでした。しかし、南高附属中の先生方は、さまざまな判断を授業中のその場その場でも行っているはずです。

　この節では、SLA研究で分かっていることと（まだ）分からないことを含めて、文法解説の判断に影響を与える諸要因を解きほぐすことを試みます。文法習得も文法指導は、さまざまな要因が複合的に影響に影響を受ける複雑な人間の行動です。「どこで、誰が、誰に、いつ、どの文法項目をどう教えるか？」ということを総合的に考慮する必要があります。文法解説を行うかどうかという判断だけに絞ってみると、図17に示す多くの要因（教室の雰囲気、活動の目的、教科書や時間的制約、教師・生徒の特徴、文法習得の難易度など）などを同時に考える必要があります。語義という切り口は以上のようになりますが、解説一つとっても

その仕方によってはいろいろな切り口が考えられます。

図17 ● 文法解説の判断

前提
授業中に英語をたくさん使っている

教室の雰囲気
活動の内容・目的
教科書や時間的制約
教師と生徒の特徴（英語力、文法への意識の度合いなど）
文法項目ごとの習得の難易度　　など

⬇

文法解説が必要かどうか判断し、
どれだけ、どのくらいの頻度で、どのように教えるかを決める

　図17を具体的に、南高附属中の５ラウンドシステムの授業に当てはめてみます。５ラウンドシステムの授業では、教師と生徒が純粋に楽しみながら英語でおしゃべりをする授業の雰囲気が作られています。教師は生徒の言いたいことを英語でくみ取り、生徒も日本語を交えながらも、一生懸命に英語でコミュニケーションを取ろうとしています。そんな中、週末にしたことを話している際に、生徒が過去形のエラーを犯した場合（ex. I play soccer last weekend.）、教師が常に文法のエラーを訂正したり、文法解説をしたりする必要性はどれくらいあるかを総合的に判断する必要があります。もしここでエラーを指摘した場合、生徒が萎縮してしまわないか、会話の流れが途切れてしまわないか、授業の雰囲気が崩れてしまわないかという心配があります。一方で、教師としては、生徒のエラーに気付かせてあげて、文法の正確さへの意識も高めなければいけないというジレンマを抱えることになるわけです。このようなさまざまな要因を考慮して、文法解説の必要性を考えるということが、今後英語を生徒に使わせる授業をする教師には求められていると私は考えます。ここで（再三になりますが）注意しておきたいのは、英語をたくさん使う機会があるという前提があって、初めて、文法解説の必要性を議論する意味が出てくるということです（文法演習問題中心の授業での解説の必要性を議論するのはほぼ無意味でしょう）。

　以下では、文法解説が必要かどうかを判断するために、まず文法習得プロセスに基づき、教師が指導の優先順位をつけることが重要であると主張します。そし

て、解説する場合に、どれくらいの頻度や長さで、どのような説明を行うべきか
について議論します。

A）優先順位をつけよう！

　前節でも述べましたが、全ての英語の文法項目は平等にできていません。習得
が簡単なものもあれば難しいものもあります。比較的習得に時間がかからないも
のもあれば、習得には時間がかなり、中には完璧に身に付かないものもあるでしょ
う。解説なしでも身に付きやすい文法、解説が効果的に働きやすい文法と、解説
しても効果が出にくい文法もあります。

　ここでは、今まで紹介した研究やその他の研究などの知見を統合しつつ、中学
校で多くの英語を使わせる活動を行いながら指導する際に、文法解説（明示的指
導）の必要度合いの優先順位（プライオリティ）を提案します。18の文法項目
を大まかに３分類しました。この提案は網羅的でもありませんし、暫定的なもの
であると理解していただければと思います。また、解説と言っても、何らかの英
語活動の前、中、後に行うものがありますが、ここでは区別はしていません。さ
らに、生徒が話したり、書いたりしたエラーを訂正するときの解説も含めて考え
ることができるでしょう（日本人の英作文エラーに対するフィードバック研究は
白畑、2015参照）。英語を教える際の大きな文法指導の枠組みの一つと捉えてい
ただければと思います。

【カテゴリーⅠ．　解説の優先順位が相対的に低い文法項目】
１．語順（SV, SVC, SVO, SVOC, SVOOなど）
２．代名詞
３．be 動詞（is, am, are）
４．過去形の不規則変化
５．Yes/No疑問文
６．属格-'s

　カテゴリーⅠの六つの文法項目は、文法解説がなくても、使いながら身に付け
やすいものを挙げました。特に間違えたりするとコミュニケーション上、意味伝
達に支障が生じやすく、文法説明なしで、英語をたくさん使わせながら習得が進

みやすい文法項目だと考えます。

　例えば、語順などは日本語の語順とは異なっていても、習得は初期に行われることが分かっています。また、代名詞、be動詞、過去形の不規則形は、目立ちやすく、出現頻度も高いため、習得されやすいでしょう。属格-'sは日本語にある「の」と同じ働きをするために習得は難しくないと思われます（Murakami & Alexopoulos, 2016）。なお、これらの文法項目は、自然習得で身に付きやすいから解説はまったく不要だということではなく、解説の優先順位が相対的に低いだろうということです。

【カテゴリーⅡ. 習熟度を考慮して「待つ」べき文法項目】
(a) 文を長くしたりする文法要素
1．to 不定詞（例：I went to Okinawa to see my friend.）
2．動名詞
3．Wh疑問文
4．付加疑問文

(b) 細かい文法ルール
5．複数形-s
6．3人称単数現在形-s（John looks happy.）
7．過去形の規則変化-ed
8．(中学校で学習する範囲) 比較表現（例：-er than と more thanなど）

　カテゴリーⅡでは、カテゴリーⅠの文法項目と比べて、習得に比較的時間がかかる文法項目を八つ挙げています。二つのサブカテゴリーに分けました。

(a) 文を長くしたりする文法要素
　文を長くすることにつながる文法項目は、基本的なSVやSVOなどの文法構造を使えるようになっている前に解説などしても、使えるようにはすぐにならないと考えられます。例えば、to不定詞や動名詞は、単文をより複雑にして1文の情報量を増やして発信するために役立つ文法だからです（例：I went to Okinawa. I saw my friend.という2文の情報を、I went to Okinawa to see my friend.と言うなど。ただし、to see my friendという句だけで発話することは初期でも可能でしょ

う）。つまり、基本的なSVやSVOなどの構造を正しく使えてきているような傾向が見られてきて、初めて解説するかどうかを考え始めればいいのかもしれません。

　また、Wh疑問文や付加疑問文は、文を処理する上での負荷が高いです。例えば、Your daughter went shopping last weekend, didn't she?という付加疑問文で、正しくdidn't sheを使うには、文頭にあるYour daughterの数と性に関する情報（単数、女性）とwentという動詞の情報（一般動詞、過去形）を頭の中で保持していないと使うことができません。このような英語の処理の負荷が高い文法は、熟達度が一定以上に達していないと、解説しても効果は望めません（e.g., Pienemann, 2005）。

(b) 細かい文法ルール

　この四つの文法規則そのものの理解は比較的簡単です。例えば、一つ以上の数えられる名詞には-sを付けるという規則は、ほぼ全ての学習者が一度聞いたら理解することができると思います。もちろん、-(e)sの発音規則は少々複雑ですが、数の概念を理解し、「二つのりんご」という意味で、two applesと書くことはすぐにできるようになるはずです。

　しかし、これらの4項目を正確に瞬時に使ったりすることができるようになることは難しい（自動化知識の習得）ということが明らかにされています。例えば、アメリカに留学して英語を日常的に使っている日本人や中国人であっても、3人称単数現在形の-sや過去形の-edの習得が進んでいないと報告している研究があります。さらに、アメリカに20年以上も住んでいても、それ以上習得が進まないということも報告されています（Lardiere, 2007; White, 2003）。比較表現も-er, -estを付けるものと、more/mostを付けるものでの区別は、話している際に余裕がなくなるとエラー（ex. more coldと言ってしまう）が多くなると考えられます（R. Ellis, 2009a）。おそらく、日本の学校教育で、これらの項目を自動化知識のレベルまで習得させる（ex. 即興で話すときに正確に使える）のは非現実的だと思います。

　その大きな要因として、これらの形態素（-s, -ed）は目立ちにくく（音声的にも強調されていません）、その表す情報は余剰的（redundant）であることが挙げられます。例えば、two booksと言うときに、two bookであってもtwo booksであっても「複数」の意味は通じますので、-sという形態素は余分ということになります。このような項目は、コミュニケーションをしながら英語をたくさん使っても、間違いに気付ことはできず、習得が難しくなるでしょう。

それではどのような指導の手だてを考えたらいいでしょうか。例えば、学習者が明示的知識を使いながら、正確にライティング課題をさせるときなどに、教師が適宜注意を向けさせながら、習得を促進させるべきだと思います。ここで「適宜」指導を行うという際、どれくらいの頻度・量を指導するか考える必要があるでしょう（しつこく何度も注意を形式に向けさせた方がいいのか、常に発話を自分でチェックさせるように仕向けた方がいいのか等）。

【カテゴリーⅢ. 日本語話者が自由自在に使いこなすには極めて難しい文法項目】
1．冠詞
2．現在完了形
3．後置修飾を含む名詞句（前置詞句、分詞、関係代名詞など）
4．仮定法

　カテゴリーⅢに含まれる文法項目の特徴は、日本語と異なっていて、かつ、意味や文法構造が複雑になっているため、習得が極めて難しい点が共通しています。これらの文法を全て、普通に日本で英語を学んでいるだけだと、自由自在に使いこなせるようになるのは至難の業です。カテゴリーⅡの文法項目とも、その特徴が共通しているケースも少なくないですが、より習得が困難であるとSLA研究の知見から判断しました。

　例えば、現在完了形や仮定法が表す意味範ちゅうは、日本語での表現方法と大きなズレがあります（例：日本語の完了を表す「た」は、英語の過去形と現在完了の両方を表していて、区別が難しい要因になります）。また、後置修飾も、日本語は前置修飾で名詞を説明する（例：太郎が買った本）ため、構造的に大きな隔たりがあります。このような文法構造は、教師は特別な注意を払う必要があると思います。このように日本語と異なる意味や形式を表す文法には、母語との比較を通した解説・練習が有効になるかもしれません（McManus & Marsden, 2017, 2019）。

　冠詞に関しても、（日本語、中国語、ロシア語などの母語話者のように）母語に同様の区別がない場合、習得が極めて困難になることで有名です。英語圏に何年も滞在して、英語を使っている英語学習者であっても、瞬時に不定冠詞と定冠詞を使い分けられるようになるには難しいケースが多く見られます（Suzuki, Huang, DeKeyser, under review）。その一つの要因として、表す意味が多岐にわ

たることがあります。例えば、a/theは一つの不特定のものを示すか、特定のものを示すかという用法以外にも、さまざまな用法があります。まずは基本的なものだけ簡潔に教えた後に、コミュニケーション上、冠詞の区別によって表す意味が重要なときだけ、明示的な指導を行うくらいにとどめるべきだと思います（例えば、自分にとって大事な1冊の本という意味で生徒が表現したい場合に、a bookと書いていたときに、the bookであると教える等）。このように簡単な用法だけに絞ったり、特定の状況に絞って、初めは書くときに正確に使えるようになるまでを目指したり、スモールステップで指導していくことが、まずはできることかもしれません。

B) どんな文法説明が生徒のためになるかを考えよう！

　さて、上記の優先順位をベースにして、文法解説をしようと決めたとした後に、どのような文法解説をするかを考える必要があります。まず、南高附属中の文法指導の一つの例を紹介します。例えば、関係代名詞が初めて英文などに出てきたときには、以下のような意味に関する質問を教師が投げ掛けます。

英文 I saw the boy who plays the guitar.
教師：What does this boy do?
生徒：He plays the guitar.

　このように、南高附属中では、まず意味だけ説明することがあるようです（詳しくは、41ページ ちょっと一休み参照）。これはいわゆる伝統的な関係代名詞の解説とは違いますが、意味を理解させることに関しては十分に見えます。このような意味理解だけ最初にさせて、その後何度も関係代名詞に触れた後や、もっと学習者の習熟度が上がったりしたときに、後置修飾の働きに注目させた解説をするという段階的な方法を取ることは良い手段かもしれません。
　ちなみに、どのような文法解説をするか（文法解説の質・方法）によって、文法解説の効果がどう変わるかを調べた研究は多くないようです。例えば、先ほどの関係代名詞に関する解説方法として、有名な2文結合方法があります。That is the house.とThe house was built ten years ago.の2文を提示し、That is the house which was built ten years ago.と導く解説のことです。このような解説が

果たしていいのかどうか、文法解説の種類を比較する研究は少なくともSLA研究の関心の中心にはありませんが、もっとあってもいい気がします。

また、どのような種類の解説が有効かということを体系的に比較している研究も少ないようです。例えば、母語と外国語の文法（時制など）を比較して解説を受けると、より効果的に練習でき、かつ運用できるようになるまで習得が進みやすくなるということを示す研究が最近報告されています（McManus & Marsden, 2017, 2019）。日本語との比較が有効な英語の文法項目としては、後置修飾句を作る分詞や関係代名詞や（被害の）受け身などがあるかもしれませんが（白畑, 2015）、その効果を検証している研究がまだ十分にあるとは言えません。

より具体的に文法解説の方法について考えると、文法用語を使いながらの文法解説や、文法用語を使わない文法解説ではどちらの方がいいのかという疑問も出てきます。シンプルな例で言えば、「過去形」、「比較級」、「不定詞」、「動名詞」、「受動態」などの文法用語を使って教えることで得られるメリットとデメリットについて実証的に検証している研究はほとんどないようです（片山,1993参照）。例えば、「to meet her friendのtoは『〜するために』って意味だよ」と意味中心の説明ではなく、「このtoは不定詞の副詞的用法で『〜するために』って意味を表すよ」などの文法用語を用いることで得られるメリット・起こり得るメリットは何なのかを考える必要があると思います。さらに、文法用語を使い始めると、不定詞の副詞用法の入っている表現のところで、「不定詞の形容詞的用法や名詞的用法もあるよね……。」などと追加説明まですることも起こり得ます。生徒に必要な文法解説とは何なのか、その中身をもう少し考えていく必要があるでしょう。

C) 文法説明の頻度や長さに気を付けよう！

5ラウンドシステムなどのようにコミュニケーション・意味ベースの英語授業で、生徒が意味を考えながらコミュニケーションを行うという前提を保ちながら、文法に注意を向けることが重要なことは多くのSLA研究者が認めています（ex. Lyster & Saito, 2010）。しかし、どれくらいの頻度で、特定の文法に注意を向けることがベストなのかということは分かっていません（むしろ研究だけでは分かり得ない部分も多く含んでいるでしょう）。あまりにしつこく文法形式にばかり注意を向けさせることで、生徒が萎縮してしまう可能性もあります。一方で、文法形式に注意を向けさせる回数が少ないと、生徒の意識はすぐに「意味」だけに

向かってしまい、正確性が伸び悩む可能性もあります。となると、適度に行うことがベストになるわけですが、このような適度な頻度の目安は研究から知見を得ることができるかもしれませんが、最終的には目の前の生徒を観察し、教師が判断することになるでしょう。

　また、教師が文法に注意を向けさせるときは、極めて簡潔に（例えば5秒以内）解説をするということと、比較的長めの詳しい解説を行う（例えば、1分以上）という比較をしている研究はないようです。解説を詳しく（長く）することのメリットとデメリットに関して、実証的な検証はほとんどされていません。もちろん、解説を丁寧にしないと文法の表す意味を理解できないもの（ex. 仮定法過去完了）の場合は、5秒の解説では済まないでしょう。一方、そこまで詳しい解説が必要なく一言言ってあげれば済むもの（ex. 複数形のs）もあるでしょう。今後、文法指導の最適な「頻度」や「長さ」に関して有益な視点や発想を提供する研究が出てくることを期待します。

【本当にその文法解説は必要か？】

・英語をたくさん使わせるには、文法解説をしないという判断を増やす必要がある。

・特に、文法項目ごとに優先順位をつけて、学習者の発達段階に合わせて、文法解説の取捨選択をする必要がある。

・また、文法解説の仕方によって、不易な文法解説になっていないか気を付ける必要がある。

・文法解説の長さと頻度を考えて、生徒の文法発達をサポートする必要がある。

引用文献　片山七三雄（1993）「文法用語使用に関する一考察～学習者の主観的理解度はどこまであてになるか～」『英語教育学の現在』81-90. 桐原書店.
鈴木祐一（2017）「指導の評価—スキル学習理論の観点から」鈴木渉（編著）『実践例で学ぶ　第二言語習得研究に基づく英語指導』pp. 169-183. 大修館書店
向山陽子（2015）「Focus on Form から言語適性へ—研究の深め方・広げ方の一事例—」『言語文化と日本語教育』50, pp. 51-60, お茶の水大学日本語文化学研究会
Celce-Murcia, M., & Larsen-Freeman, D. (1999). *The grammar book: An ESL/EFL teacher's course* (2nd ed.): Heinle ELT.
DeKeyser, R. M. (1997). Beyond explicit rule learning. *Studies in Second Language Acquisition, 19*, 195-221.

Dörnyei, Z. (2009). *The psychology of second language acquisition.* Oxford: Oxford University Press.

Dörnyei, Z., & Ryan, S. (2015). *The psychology of the language learner revisited.* New York, NY: Routledge.

Doughty, C. J. (2003). Instructed SLA: Constraints, compensation, and enhancement. In C. J. Doughty & M. H. Long (Eds.), *The handbook of second language acquisition* (pp. 256-310). Oxford: Blackwell Publishing.

Ellis, N. C., & Wulff, S. (2015). Usage-based approaches to SLA. In B. VanPatten & J. Williams (Eds.), *Theories in second language acquisition: An introduction* (2nd ed., pp. 75-93). New York, NY: Routledge.

Ellis, R. (2009a). Investigating learning difficulty in terms of implicit and explicit knowledge. In R. Ellis, S. Loewen, C. Elder, R. Erlam, J. Philp, & H. Reinders (Eds.), *Implicit and explicit knowledge in second language learning, testing and teaching* (pp. 139-142). Tonawanda, NY: Multilingual Matters.

Ellis, R. (2009b). Measuring implicit and explicit knowledge of a second language. In R. Ellis, S. Loewen, C. Elder, R. Erlam, J. Philp, & H. Reinders (Eds.), *Implicit and explicit knowledge in second language learning, testing and teaching* (pp. 31-64). Tonawanda, NY: Multilingual Matters.

Ellis, R., Li, S., & Zhu, Y. (2019). The effects of pre-task explicit instruction on the performance of a focused task. *System, 80,* 38-47.

Erlam, R. (2005). Language aptitude and its relationship to instructional effectiveness in second language acquisition. *Language Teaching Research, 9,* 147-172.

Goo, J., Granena, G., Yilmaz, Y., & Novella, M. (2015). Implicit and explicit instruction in L2 learning: Norris & Ortega (2000) revisited and updated. In P. Rebuschat (Ed.), *Implicit and explicit learning of languages* (pp. 443-482). Amsterdam, Philadelphia: John Benjamins Publishing Company.

Granena, G., & Long, M. (2013). *Sensitive periods, language aptitude, and ultimate L2 attainment* (Vol. 35). Amsterdam, the Netherlands: John Benjamins Publishing Company.

Lardiere, D. (2007). *Ultimate attainment in second language acquisition: A case study.* Mahwah, NJ: Lawrence Erlbaum Associates.

Li, S., Ellis, R., & Kim, J. (2018). The influence of pre-task grammar instruction on L2 learning: An experimental study. *STUDIES IN ENGLISH EDUCATION, 23,* 831-857.

Li, S., Ellis, R., & Zhu, Y. (2016). Task-based versus task-supported language instruction: An experimental study. *Annual Review of Applied Linguistics, 36,* 205-229.

Li, S., Zhu, Y., & Ellis, R. (2016). The effects of the timing of corrective feedback on the acquisition of a new linguistic structure. *Modern Language Journal, 100,* 276-295.

Lightbown, P. (2008). Transfer appropriate processing as a model for classroom second language acquisition. In Z. Han (Ed.), *Understanding second language process* (pp. 27-44). Clevedon, UK: Multilingual Matters.

Lyster, R., & Saito, K. (2010). Oral feedback in classroom SLA. *Studies in Second Language Acquisition, 32,* 265-302.

McManus, K., & Marsden, E. (2017). L1 explicit instruction can improve L2 online and offline performance. *Studies in Second Language Acquisition, 39,* 459-492.

McManus, K., & Marsden, E. (2019). Signatures of automaticity during practice: Explicit instruction about L1 processing routines can improve L2 grammatical processing. *Applied Psycholinguistics, 40,* 205-234.

Michaud, G., & Ammar, A. (2019). *Timing of focus on form in TBLT.* Paper presented at the 2019 International Conference on Task-Based Language Teaching, Ottawa, Canada.

第 4 章

4

章

Mochizuki, N., & Ortega, L. (2008). Balancing communication and grammar in beginning-level foreign language classrooms: A study of guided planning and relativization. *Language Teaching Research, 12*, 11-37.

Nation, I. S. P., & Newton, J. (2009). *Teaching ESL/EFL listening and speaking.* New York, NY: Routledge.

Norris, J. M., & Ortega, L. (2000). Effectiveness of L2 instruction: A research synthesis and quantitative meta-analysis. *Language Learning, 50*, 417-528.

Ortega, L. (2015). Second language learning explained? SLA across 10 contemporary theories. In B. VanPatten & J. Williams (Eds.), *Theories in second language acquisition: An introduction* (2nd ed., pp. 245-272). New York, NY: Routledge.

Quinn, P. (2014). *Delayed versus immediate corrective feedback on orally produced passive errors in English.* (Unpublished doctoral dissertation), University of Toronto, Canada.

Sanz, C., Lin, H.-J., Lado, B., Stafford, C. A., & Bowden, H. W. (2016). One size fits all? Learning conditions and working memory capacity in ab initio language development. *Applied linguistics, 37*, 669-692.

Sato, M., & McDonough, K. (2019). Practice is important but how about its quality? Contextualized practice in the classroom. *Studies in Second Language Acquisition, 41*, 999-1026.

Shintani, N. (2017). The effects of the timing of isolated FFI on the explicit knowledge and written accuracy of learners with different prior knowledge of the linguistic target. *Studies in Second Language Acquisition, 39*, 129-166

Shintani, N. (2019). The roles of explicit instruction and guided practice in the proceduralization of a complex grammatical structure. In R. M. DeKeyser & G. P. Botana (Eds.), *Doing SLA research with implications for the classroom: Reconciling methodological demands and pedagogical applicability* (Vol. 52, pp. 83-108). Amsterdam/Philadelphia: John Benjamins Publishing Company.

Spada, N., & Tomita, Y. (2010). Interactions between type of instruction and type of language feature: A meta-analysis. *Language Learning, 60*, 263-308.

Suzuki, Y. (2017). The optimal distribution of practice for the acquisition of L2 morphology: A conceptual replication and extension. *Language Learning, 67*, 512-545.

Suzuki, Y., & DeKeyser, R. M. (2017). The interface of explicit and implicit knowledge in a second language: Insights from individual differences in cognitive aptitudes. *Language Learning, 67*, 747-790.

White, L. (2003). Fossilization in steady state L2 grammars: Persistent problems with inflectional morphology. *Bilingualism: Language and Cognition, 6*, 129-141.

Part C　文法「練習」

効果的な文法練習とは？

　本書を通して繰り返し述べられているように、文法を「教える」＝「解説」だけではないということです。文法を自由自在に使いこなすようになるには、「解説」よりも「活動」に時間を多く割く必要があります。このPart Cでは、そのいわば本丸の部分である「活動」に焦点を当てたいと思います。

　「活動」と聞いて、その中身がどのようなものかを想像してみてください。文法演習問題、口頭でのドリル、音読、リテリング、スキット、ディベートなど、英語の先生の中でも、想像する活動はさまざまでしょう。SLA研究では、いろいろな学習理論や指導理論に基づいて、「活動」を定義していますが、ここでは心理学をベースにした「スキル習得理論（131ページ参照）」と親和性の高い、「プラクティス（Practice）」という観点から整理したいと思います（DeKeyser, 2007; Lightbown, 2019; Suzuki, Nakata, & DeKeyser, 2019）。

　それでは本書のテーマの文法指導と結び付けて、文法練習（プラクティス）はどうあるべきかを考えてみましょう。プラクティス（Practice）という用語は、1980年代のコミュニカティブアプローチの隆盛の前に一世を風靡したオーディオリンガリズムという教授法（そして、その中で中心的に用いられるパターンプラクティス）と結び付けて考えられることが多いかもしれません。しかし、ここで定義するように文法練習とは「目標とする文法知識とスキルを習得するために、意識を注ぎながら（deliberate）、計画的に（systematic）にさまざまな活動を繰り返し（repeated）行うこと」を指します。

　この広義の定義を取ることで、「（機械的で文脈に制限がある）文法演習問題・ドリル」などのような狭義の練習だけでなく、「ディスカッション、スキット、ディベートなどの意味重視のコミュニケーションのやりとり」、さらには、その中間的な位置に占めると考えられる「音読・リテリング」なども含めて、効果的な文法練習とは何かを考えたいと思います。

　Practice makes perfect.という格言もあるくらい、練習「量」の重要性を否定する人はいないと思いますが、この格言が実現されるかどうかは、練習の「質」

に大きく左右されます。効果的な練習とは、(a) 意味のある文脈でのやりとりを含み、(b) 学習者の知識やスキルの正確性や運用力（accuracy and fluency）を高めるための努力を最大限まで引き出す（deliberate and challenging）という特徴を持っています。これらの練習条件を、一つの活動で満たすことができることもありますが、いくつかの活動が組み合わせたり、数週間、数カ月、また年間カリキュラムを通して、効果的な文法練習をデザインしたりする必要があります。Part Cでは、この文法練習という観点から、5ラウンドシステムの三つの特徴とTANABU Modelの二つの特徴について考察したいと思います。

5ラウンドシステム
―文法練習（プラクティス）から見た三つの特徴―

5ラウンドシステムでは、さまざまなプラクティスが効果的に組み合わされて、実践されています。ここでは、そのプラクティスを、(a) インプット、(b) インタラクション・訂正フィードバック、(c) インテイク（英語の表現を頭の中で定着させること）の大きな三つの枠組みから捉えて、効果的な文法練習を考えたいと思います。

特徴1 インプットを分析して文法を身に付ける

南高附属中では、コミュニケーションをしながら（意味を常に考えながら）、大量のインプットに何度も触れる機会が設けられています。教師と生徒、また生徒間での会話をたくさん聞く機会が多くあります。教科書の内容はリスニングだけでなく、生徒が先生や他の生徒の英語の発話をとても熱心に聞いている姿がよく見られます。ゆえに、先生の英語での口癖が生徒に乗り移るということもよくあります。もちろん生徒の英語の発話は最初の方は日本語もたくさん入っていて、英語の間違いもたくさんあります。しかし、教師がうまく英語でリードしながら、生徒が理解できる英語をふんだんに聞かせています。他にもインプット活動として、速読活動や多読・多聴活動に近いものが南高附属中では使われています。『じゃれマガ』（浜島書店）から簡単な英文をたくさん読んだりして、その大意をスラスラと読んで把握できるような指導が行われています。これらは、全て文法習得につながる活動で、このような狭義の「文法練習」とは決定的に違っています。

それでは、広義のインプットによる文法練習を通して、南高附属中の生徒の中

でどのように文法習得が起こるのでしょうか。授業では明示的な解説・文法演習が行われていなくても、おのおのの生徒が自分で、授業中に読んだり聞いたりしたインプットを分析することで、習得が進むと考えることができます。生徒自身によるインプットの分析を促すには、教師が意図的に「整理」してあげたりする以外にも、さまざまな方法があるかもしれません。私の推測ですが、おそらく一部の生徒は塾に通ったり（通塾している生徒は中学校では多数派ではないようです）、授業外で文法解説を読んだりすることで、明示的な文法知識を得て、それを活用しながらインプットを処理して文法習得が進んでいるかもしれません。また、英語が得意なクラスメートから解説してもらったりして、理解が進むこともあるでしょう。たくさんのインプットに触れながら、南高附属中の生徒たちがどのように文法を捉えて習得していくかということは今の段階では明らかになっていませんが、今後の研究が待たれます。

特徴2 インタラクションしながら文法を身に付ける

インタラクションとは、その名の通り、会話のやりとりです。南高附属中では、教師と生徒のやりとり（おしゃべり）を見ていて、とにかく楽しいです（授業参観している私たちもそう感じてしまうのです）。南高附属中のようにたくさん英語を使わせると、生徒が使う文法を間違えたり、言いたいことを言えなかったりするときが多くあります。日本語交じりの英語を話すことも多くあります。それゆえ、生徒が言えなかったり、間違えたりしたときに、教師が正しい英語表現を与えること（口頭訂正フィードバック）が重要になってきます。インタラクションをして、口頭訂正フィードバックを適宜もらいながら、コミュニケーションする過程で文法を習得していきます。このインタラクション活動中における「文法練習」はどのように効果を上げることができるのか。それを探ります。

SLAの有名な理論の一つであるインタラクション仮説（Interaction hypothesis; ex. Long, 1996）によると、英語を使い、その中で文法を間違えた際に、教師やクラスメートからその場で即時にフィードバックを得ることの効果は多岐にわたります。例えば、自分の言ったことに関して、フィードバックを得ることができるため、自分の言いたかったことを言えるようになり、動機付けも高まります。今言いたかったことであるため、まさに学習者にとっては必要な表現で、記憶にも残りやすいかもしれません。また、その場で自分の文法のミスに気付くことができれば、自分の言いたかった意味は頭の中に残っている状態で、自分の間違え

た箇所に注意を向けてエラー修正できるため、学習者への認知的負荷がかかりにくいといわれています。

　フィードバックは、外国語学習に限らず、さまざまな学習の場面で効果的だといわれています（Hattie, 2009）。例えば、乗馬スキルの練習として、馬に乗っている最中に先生からフィードバックを得る（姿勢を意識するように指摘されるなど）ことで、徐々に馬の乗り方がうまくなるようなことは多いにあるでしょう。もちろん、英語学習における訂正フィードバックに関しても、文法形式へ注意を向けさせ、文法習得を促進できることが明らかになっています（Li, 2010; Lyster & Saito, 2010）。このような口頭訂正フィードバックは、南高附属中の先生がおっしゃる「必要な時ちょこちょこ文法指導しています」という方針の一つの指導技術に当たるのではないかと思います。

　どの文法項目へ、どの種類の口頭訂正フィードバックを与えると効果的かということを調べた研究はまだまだ多くありません。一つの考え方としては、新しい項目か既出項目かによって、フィードバックの種類を選ぶことが効果的とされています（Yang & Lyster, 2010）。例えば、中学1年生で未習の「過去形の不規則形」を生徒がうまく使えなかった場合は、教師は、生徒が言いたかったことを正しい形で言い直してあげる方法があります（リキャストといいます）。一方、すでに生徒が知っている文法項目をうまく使えなかった場合、生徒にもう一度言わせてみたりして、正しい形式を使う機会を与えてあげることも有効です（プロンプト［Prompt］といいます）。このように異なる口頭訂正フィードバックにはそれぞれのメリットとデメリットがあり（右ページの表10参照）、（英語でたくさん話させる授業では）フィードバックの使い分けを瞬時にできるようにすることが英語教師には求められていると思います。

　南高附属中ではインプット供給型のリキャストが多く用いられているようです。このリキャストは、生徒がまだ十分に理解できないと思われる項目や日本語やエラーを多く含んだ発話に対して行うため、南高附属中の授業の中でも、新しいトピックなどについて話したりする際に効果的に働いているのではないかと推察します。残念ながら、南高附属中では実際に、どのようなフィードバックがどのように用いられているかは今回のインタビュー調査という手法だけでは調べることができませんでした。

表10 ● 口頭訂正フィードバックの分類（詳しくは、神谷, 2017を参照）

インプット供給型（リキャストなど）

例）生徒：I go to school yesterday.
　　教師：Oh, you went to school yesterday.

どの文法に？	メリット
・生徒が知らない文法 ・生徒がまだ十分に理解できない 　と思われる項目 ・生徒が日本語を多く使った発話 ・エラーが多い発話	・会話の流れを止めずに自然な形で会話を続 　けられる ・学習者は言いたかった表現をその場で学べる デメリット ・生徒が直されているということに気付かな 　いことが多い ・記憶に残りにくい可能性がある

アウトプット誘発型（生徒に再度言わせるプロンプトなど）

例）生徒：I go to school yesterday.
　　教師：Can you say it again? Go to?

どの文法に？	メリット
・すでに生徒が知っているが、 　まだスラスラ使えていない文法	・確実に自分のエラーを直すことで学習が進 　みやすい ・正しい形をアウトプットしようとすること 　で、記憶に残りやすくなる デメリット ・学習者が正しい形を知らないと困ってしまう ・時間がかかり、会話が中断されやすくなる

　一方、南高附属中のようにコミュニケーションを第一として、生徒の注意が意味に完全に向いている場合、教師がリキャストをしても、生徒が訂正をされていると気付かないことが多くあるかもしれません。そのため、南高附属中の先生は、生徒に「先生が話す英語の中には、いろいろなヒントが入っているから、しっかり聞くんだよ」という形で、文法形式にも注意を向けるように指示をしています。南高附属中で、生徒に発話を再度促し、文法形式へ確実に注意を向けさせるようなアウトプット誘発型の口頭訂正フィードバックがどれだけ使われているかは、今回の調査からは分かりませんでした。しかし、意味に焦点が当たっている授業では、アウトプット誘発型や教師による明示的な説明により、確実に文法形式に注意を向けさせる機会を意図的に作るなどして、生徒の文法への気付きを促し、文法習得を促進する必要があるかもしれません（Lyster & Mori, 2006）。

特徴3　音読練習は "ミルフィーユ" で効果的に練習する

　私は、音読（穴あき音読含む）というインテイク活動が5ラウンドシステムの鍵だと思っています。多くの生徒が本当に楽しそうに音読をしています。とにかく何度も何度も繰り返します。1レッスン30回もざらではありません。南高附属中の生徒を対象としたアンケート調査（臼倉, 2017）で、音読が最も生徒の英語を話す際の自信に結び付いていることも明らかになっています。

　音読練習にはさまざまな目的がありますが、一見すると機械的な練習です。ましてや30回も繰り返せば飽きますし、コミュニケーション練習とはかけ離れたものでしょう。音読練習を効果的なプラクティスにできるかどうかは、音読練習のやらせ方によります。音読指導のバリエーション（ex. 四方読み、穴あき読み、Read and look up）の多さのことだけを指しているわけではありません。本書で繰り返し出ているたとえを使うと、南高附属中の音読は、「ミルフィーユ」だと思います（30ページ、178ページ参照）。音読練習はそれだけだと、ただの固いパイ生地です。しかし、意味を考えたりする活動（＝クリーム）と組み合わさることで、ミルフィーユとなり、おいしくなります。以下に具体的に説明します。

　南高附属中では、教師が生徒の状況を見ながら、教科書の内容について英語でおしゃべり（インタラクション）した後に，そのまま自然とその教科書本文の音読活動に入ることがあります。つまり、教科書のストーリーのトピックに関連して教師・生徒間でインタラクションをして、そのまま音読するので、「意味」を考えながら音読練習できるように自然となっています。意味を考えながら音読することで、その教科書にある表現を自分の言葉にしやすくできます。

　さらに、リテリングなどのアウトプット活動で、できないことをできるようにするために、音読練習に戻らせたりします。学年が進み教科書の本文が少し長くなったりして難しくなると、生徒は音読練習をもっとしたくなります。南高附属中の音読練習は、音読のための音読には決してなっていません。現実に使う状況や場面やその先のアウトプットを考えながら、生徒がインテイク活動を行うことで、意味を考えながら音読練習を効果的に行っています。このようなインテイク活動は、コミュニケーション場面でも発揮できる文法を身に付けやすいのではないかと思います（Lightbown, 2007）。つまり、表現したい考えや意味（コミュニケーション）を常に意識させながら、その間々にミルフィーユ状に、形式の正確さの向上を目標としたドリル的な音読などの反復練習を計画的に織り込んでいると考察できます。

繰り返しになりますが、5ラウンドシステムでは、1レッスンの英文につき、合計で30回くらい音読するのが普通です。音読・リテリングでは、常に教科書というモデル（補助輪）があり、正確さを意識した練習が効率的に行えます。また、1回の授業だけで音読を30回するのではなく、複数回の授業に分散されて繰り返し音読練習が行われています。最近のSLA研究でも、間隔を適度に（数日間ほど）あけて繰り返し練習（分散学習）することで、文法知識が素早く運用できるようになるといわれています（Suzuki, 2017; Suzuki & DeKeyser, 2017）が、間隔をあけて繰り返すことは理にかなっているでしょう。

　そして、このようなインテイク練習を繰り返して、教科書本文の「語彙」、「チャンク」、「構文」などさまざまな長さの表現を活用できるようになります。特に初期には、小さなチャンクであればあるほど、比較的にすぐに使えるようになり（自動化）、そのような断片的な表現を組み合わせながら、不完全でありながらも、コミュニケーションを取る大きな助けになるでしょう。そのような表現が積み重なり、ルールの整理がされることで（先生主導であれ、生徒主導であれ）、ルールが身に付くのかもしれません（前節の使用依拠モデルを参照）。

　音読やリテリング練習の結果、教科書本文を覚えたことが、文法習得に役立ったエピソードがあります。ある生徒が、関係代名詞の入った文を理解できなかった時に、隣の生徒が関係代名詞について教えてあげるということがあったのですが、その際に、教科書の会話文の誰々がこうセリフを言っただろうという説明をしました。このことは、教科書のダイアローグを完全にインテイクするまで音読などのプラクティスをして、その特定の文法項目が、誰が誰に向けてどのような状況で使われたかということが分かっているため、その文法の理解がグンと進んだのではないかと思います。今回のエピソードは、生徒が覚えている教科書の本文を使って、文法の理解を進めるという、南高附属中の英語習得のユニークさを象徴しているものだといえるでしょう。

　最後に、5ラウンドシステムの書籍（金谷, 2015）の帯にある「教科書を繰り返し使うと英語が自分の言葉になっていく」という文句は言い得て妙だと思います。教科書を繰り返すのは重要ですが、自分の言葉になるように教科書を繰り返すための工夫（HOW to Practice）をおろそかにしてはいけません。音読だけでは不完全で、時には味気なくとも、何か別の活動と組み合わさり、ミルフィーユのパイ生地とクリームのように絶妙な相乗効果を生み出しているのが南高附属中のプラクティスだと思います。

【5ラウンドシステムにおける効果的な文法練習とは？】

> ・南高附属中の5ラウンドシステムはさまざまな活動が有機的に結び付き、効果的なプラクティスが組み込まれている。
> ・インプットを理解する中で文法項目への気付きが促されている。
> ・教師と生徒のインタラクション、そして訂正フィードバックを得ながら、生徒は文法習得をしている。
> ・インプットとアウトプットの機会の間に、音読・リテリングをミルフィーユのように挟み、意味のある繰り返し練習が計画的に行われている。

TANABU Model
―文法練習（プラクティス）から見た二つの特徴―

　SLA研究における文法練習の観点から、TANABU Modelの特徴的な部分を2点だけに絞って説明します。

特徴1　インプット・インテイク練習での工夫

　コミュニケーション英語の授業では、まとまった量の本文を読み、文法解説はなく、活動が中心です。しかし、活動を通して、（解説以外の方法で）文法を教えています。具体的には、Reading活動を通して、意図的に教師が生徒の注意を文法へ向けさせる指導を行っています。以下、インタビュー調査からの教員の発言の抜粋です。

> *Reading practice sheet*は、ターゲットグラマーの部分が空所になっていて、書き込ませないで使わせるようにしています。
> *Comprehension sheet*では、問いの英文の主語に〇、動詞に下線を引かせています。

　英文の理解の段階で、同時に特定のターゲット文法へも注意を向けさせて、理解させる仕掛けを作っています。これがTANABU Modelのコミュニケーション英語での（広い意味での）文法練習の一つに当たると思います。しかし、ターゲッ

ト文法の意味が複雑である場合には、単に注意を向けさせるだけでは意味をしっかりと理解できない場合も多くあると思いますので、この方法だけで文法指導するだけでは習得に結び付かないことが多いと思います。そのため、英語表現の授業での文法解説・演習とも有機的に結び付ける工夫など他の手だてと組み合わせる必要があるでしょう。

　さらに、最後にもう1点、インテイク活動の音読練習に関して、田名部高校での実践例が興味深い視点を提供します（『英語の先生応援マガジン2019 Winter』pp.24-25）。従来、田名部高校では、高校英語教科書の中でも難易度の高い「コミュニケーション英語」の検定教科書を採択して使っていました。しかし、アウトプットさせるためには、英文の難易度が高過ぎるということで、2017年度から難易度を下げた教科書を採択し、TANABU Modelを実践しました。その結果、こってりコース（26ページ参照）のStory Reproductionで、1パートの英文量が少なくなったため、生徒が教科書の英文を丸暗記してしまうようになってしまったそうです。そこで、二つ以上のパートを一気に扱うようにして、Story Reproduction練習の負荷を上げたことで、丸暗記を防ぐことができ、自分の頭で英文を組み立てるプロセスを引き出し、より効果的な練習ができるようになったのではないかと考察されています。一方、4パートからなる1レッスンを一気に扱うと難し過ぎてうまくいかなかったようです。このように、簡単過ぎも難し過ぎもせず、生徒にとって最適な難易度の練習を続けることで英語の習得を促進できることが、心理学やSLA研究で示されてきています（Suzuki, Nakata, & DeKeyser, 2020）。TANABU Modelのように、生徒のパフォーマンスを観察しながら、練習への負荷をうまく調整して、生徒の英語スキルを高めるための努力を最大限に引き出すための工夫が重要だと考えます。なお、教科書の難易度を下げても、GTECの結果では、難易度の高い教科書を使っていた時と同様の伸びを示しているそうですが、そこには練習の難易度を上げたり、今回は取り上げていないさまざまなモデルを使ったりといった教師の工夫が隠されているのかもしれません。

| 特徴2 | 生徒の英作文（リプロダクション）をどう直すか？

　TANABU Modelにおける二つ目の大きな文法指導として、英作文に対する訂正フィードバックが挙げられます。訂正フィードバックの方法は教師ごとにさまざま（以下参照）で、TANABU Modelにおいて必須の部分ではないかもしれません。しかし、リテリングなどのアウトプット活動が組み込まれているTANABU

Modelにおいて、訂正フィードバックは必須の文法指導項目になると考えます。そして、SLA研究などでは英作文に対する訂正フィードバックの効果は多く調べられており、重要な示唆を与えてくれます。

【TANABU Modelにおける英作文に対する訂正フィードバックの与え方】
田名部高校
・生徒が教員にチェックしてもらいたい文だけをハイライトしてもらい、その箇所のみを添削する。
・何人も同じ間違いをしている場合は教室で間違った文のまま提示して生徒に訂正してもらう。
・主語と動詞はあるか、be動詞と一般動詞を一緒に使っていないかは生徒同士で交換してチェックしてもらう。

公立A高校
・教員が英文を全て訂正し、生徒はその訂正フィードバックをもとに書き直す。

公立B高校
・リテリングは日本人教員が添削するが、添削する作業量が多いので、スタンプを押しただけで返却することも多い。

　田名部高校教員へのアンケート調査では、「授業クラス担当者（自分）が、生徒がハイライトで添削を希望した部分にだけフィードバックしています。それ以外のところは、どんなに直したくても手を出さないようにしています」ということが明らかになっています。また、公立B高校のように、現実的な観点から、添削を行わないというものもあります。

　できるだけたくさん生徒のエラーを直してあげたいという気持ちが出るのは十分理解できます。しかし、全部訂正しようとすることで、生徒が真っ赤になった返却答案を見て、モチベーションが下がってしまったり、どこを直せばいいのかが分からずそのままになったりするという、教師の添削の労力に見合った効果を得られない可能性があります。その点、田名部高校教員の「生徒の希望した部分以外には手を出さない」というような方針は理にかなっていると思えます。

　もちろん、訂正フィードバックは、特定の条件で、文法習得に効果的ではあるのですが（Ferris, 2011）、そのフィードバックの与え方は、田名部高校教員のように選択的にしなければなりません。

ライティング訂正フィードバックは"Less is more"（量が少ない方が効果は大きい）と主張している研究者もいます（Lee, 2019）。それでは、エラーを全て直さない場合、どのようなものに絞って訂正すればいいのでしょうか。一つの方法として、田名部高校のように、(a) 生徒が直してほしい部分、(b) 多くの生徒が間違えている部分、(c) 主語と動詞など文の骨格に関わる部分などに焦点を当てて、そこにだけ訂正を与えることは効果的だと考えられます。実証研究の結果から、文法項目ごとに訂正フィードバックを与えるべきか、どう与えるかという提案も役に立つでしょう（詳しくは、白畑, 2015などを参照）。

さらに、Lee（2019）は、Better teacher should be the one who provides quality written corrective feedback (WCF) rather than more WCF.（良い教師とはたくさん訂正フィードバックを与えるのではなく、質の高い訂正フィードバックを与える人のことである）と述べています。教師が全ての生徒のエラーを全部直すことにかける時間があれば、もっと別のこと（ex. 内容面へのコメント、作文の前や後での生徒にさせる活動を準備する）へ時間を割くべきかもしれません。

また、公立A高校では、一度目のフィードバックの後に書き直し（revision）を行わせているのは有効な手だてだと考えられます。生徒に返却したフィードバックを、生徒は必ずしも確認していないこともあるため、書き直しをすることで、確実にフィードバックを読み、自分のエラーを直すことができます（Ferris, 2011）。また、書き直した後のドラフトのみを評価対象とすることも、生徒のモチベーションを高める上で有効に働いているのではないでしょうか。今回のアンケート結果からは出てこなかったのですが、提出する前に、特定の文法エラーについてチェックさせるという方法も有効だといわれています（Ferris, 2011）。このようにチェックさせることで、生徒が自分のエラーをチェックする能力（モニター能力）というライティングにとって必須の力を伸ばすことができるでしょう。

【TANABU Modelにおける効果的な文法練習とは？】

- ・TANABU Modelでも、解説をしないで、活動を通して文法を習得させるプラクティスの工夫がされている。
- ・生徒の英作文へのフィードバックへも工夫が見られる。

二つのモデルを通して考える文法練習における教師の役割

　SLAにおけるプラクティスという考え方を用いて、５ラウンドシステムと
TANABU Modelの文法練習の特徴を考察しました。本書のテーマである文法を「教
える」ことの中の解説を教師がほとんどしていない、つまりある意味「教えない」
授業モデルの実践と捉えることもできるかもしれません。しかし、今回の文法練
習という観点から、二つのモデル実践を分析してみると、「教えない」という表
面上の授業の見た目とは裏腹に、教師の役割の重要性がより浮き彫りになった気
がします。つまり、教師が主体的に意図を持ち、文法練習中の生徒の行動を観察
し、一連の最適な練習活動を計画的に実施していることが大きな特徴と言えるで
しょう。

　南高附属中では、意味を重視したやりとりを中心としながら、形式にも注意を
向けさせる文法練習が有機的に統合されて、英語で表現できるようになるための
ゴールが教師と生徒の間で共有されていました。ここまでのカリキュラム運営は、
一朝一夕では達成できないでしょう。先生方の日々の努力・工夫を垣間見ること
ができたと思います。そんな中、「文法解説を先にしない」、「たくさん教師と英
語でおしゃべりをする」、「音読を30回する」、「リテリングをする」などという
ような南高附属中の５ラウンドシステムの表面上の指導手順だけをまねても、う
まくいかないことは目に見えています。インプット・インタラクション・インテ
イク・アウトプット活動を通して、どのように繰り返し文法練習させるかという
綿密な計画なしには、成功はあり得ません。

　一方で、TANABU Modelに関しては、高校における読解指導をベースにして、
内容理解の際にも文法形式に注意を向けさせるワークシートや、リプロダクショ
ンでの練習の負荷の微調整、そして英作文へのフィードバックなどの工夫があり
ました。しかし、TANABU Modelは、南高附属中に比べて、特にPart A（文法
習得）とPart B（文法指導）でのSLA研究成果との関連性が比較的低く、大き
く取り上げることができませんでした。その理由はいろいろと考えられます。
TANABU Modelは (a) 中学文法は初見ではない、(b) 英語表現では文法解説・演
習を普通に行っている、(c) 意味中心の会話よりもリーディング授業が主体である、
などの理由により、SLA研究の成果と結びつけが難しい側面がありました（筆
者の力量不足もあるでしょう）。もちろん、書籍、インタビュー、授業参観など

に基づいた私の考察という限られたもので、まだまだ私が気付いていない、そして授業モデル実践者自身も意識化していない具体的な実践例がたくさんあるはずです。今回のインタビュー参加校のように、TANABU Modelの実践が田名部高校以外の公立学校などでも徐々に広がりを見せる中、高校英語教育における文法指導・練習の役割はもう少し議論を深める必要があると思います。

最後に―SLA研究から文法指導について考えるヒント―

　本章では、文法指導に関して、SLA研究の観点から、5ラウンドシステムとTANABU Modelにおける文法指導に関する諸問題を分析・整理しました。SLA研究で分かっていることだけではなく、（まだ）分からないこともできるだけ提示しながら、文法指導について考える視野やヒントをさまざまな観点から提供できたかと思います。さらに、教師個々人の教室での文法指導に関する問題について、個別にSLA研究が全て答えを与えることができるわけではないということも触れました。少し大げさな話かもしれませんが、英語教師とSLA研究を含む科学的研究との付き合い方についての考え方といってもいいかもしれません。このような話も含めて整理してきたこともあり、長い章になりました。ここまでにいろいろな議論がありましたので、最後にもう一度、SLA研究から分かっている文法の「習得」「指導」「練習」に関して、おさらいをしましょう。

- ●文法解説なしでも身に付く文法がある。
- ●文法によって習得に時間がかかるものがあり、その習得のつまずきの原因はいろいろある。
- ●文法解説のタイミングを変えることで、生徒の頭の中でプロセスが変わる。
- ●文法解説を取捨選択して、活動をしっかりと行うべきだ。
- ●教師が解説を減らしても、文法練習を効果的に計画すれば、生徒に英語を身に付けさせることができる。

　詳しくは各セクションのまとめを読んでいただければと思いますが、「文法」を「教える」ことについて多角的に捉えるための「考えるヒント」は、ちりばめておきましたので、時折読み返され、新たな発見・発想につながればと思います。

引用文献

臼倉美里（2017）「英語学習に対する自律意識の変容―アンケート調査結果から―」金谷憲（編著）『英語運用力が伸びる5ラウンドシステムの英語授業』pp. 124-132、大修館書店

神谷信廣（2017）.「話す活動と文法指導―フィードバック―」鈴木渉（編著）『実践例で学ぶ第二言語習得研究に基づく英語指導』pp. 45-62、大修館書店

白畑知彦（2015）『英語指導における効果的な誤り訂正―第二言語習得研究の見地から』大修館書店

新谷奈津子（2017）.「目標項目の処理を手助けしよう―処理指導」鈴木渉（編著）『実践例で学ぶ　第二言語習得研究に基づく英語指導』pp. 27-44、大修館書店

DeKeyser, R. M. (2007). *Practice in a second language: Perspectives from applied linguistics and cognitive psychology.* New York, NY: Cambridge University Press.

Ferris, D. R. (2011). *Treatment of error in second language student writing* (2nd ed.). Ann Arbor, MI: University of Michigan Press.

Hattie, J. (2009). *Visible learning: A synthesis of over 800 meta-analyses relating to achievement.* New York, NY: Routledge.

Lee, I. (2019). Teacher written corrective feedback: Less is more. *Language Teaching, 52,* 524-536.

Li, S. (2010). The effectiveness of corrective feedback in SLA: A meta-analysis. *Language Learning, 60,* 309-365.

Lightbown, P. (2008). Transfer appropriate processing as a model for classroom second language acquisition. In Z. Han (Ed.), *Understanding second language process* (pp. 27-44). Clevedon, UK: Multilingual Matters.

Lightbown, P. (2019). Perfecting practice. *The Modern Language Journal, 103,* 703-712.

Long, M., & Robinson, P. (1998). Focus on form theory, research, and practice. In C. Doughty & J. Williams (Eds.), *Focus on form in classroom second language acquisition* (pp. 15-41). Cambridge: Cambridge University Press.

Lyster, R., & Mori, H. (2006). Interactional feedback and instructional counterbalance. *Studies in Second Language Acquisition, 28,* 269-300.

Lyster, R., & Saito, K. (2010). Oral feedback in classroom SLA. *Studies in Second Language Acquisition, 32,* 265-302.

Suzuki, Y. (2017). The optimal distribution of practice for the acquisition of L2 morphology: A conceptual replication and extension. *Language Learning, 67,* 512–545.

Suzuki, Y., & DeKeyser, R. M. (2017). Effects of distributed practice on the proceduralization of morphology. *Language Teaching Research, 21,* 166-188.

Suzuki, Y., Nakata, T., & DeKeyser, R. M. (2019). Optimizing second language practice in the classroom: Perspectives from cognitive psychology. *Modern Language Journal, 103,* 551-561.

Suzuki, Y., Nakata, T., & DeKeyser, R. M. (2020). Empirical feasibility of the desirable difficulty framework: Toward more systematic research on L2 practice for broader pedagogical implications. *The Modern Language Journal, 104,* 313-319.

第 5 章

座談会
～結果をどう読むか～

Contents

【座談会参加者】左から臼倉美里（東京学芸大学 准教授）、金谷 憲（東京学芸大学 名誉教授）、大田悦子（東洋大学 准教授）、鈴木祐一（神奈川大学 准教授）

ここでは、Sherpaメンバーが集まって開催した座談会の様子を紹介します。2～4章の調査で得られた情報を振り返りながら、文法解説は、どのくらい、いつするのか。解説しないまでも良い方法はあるのかなど話し合いを行いました。

1）調査を振り返って
―調査結果への感想―

金谷：これから私たちの調査研究から得られた結果をどう受け止めて、実際の授業にどのように生かせるかということを話し合いたいと思います。

　最初に、2～4章の調査で得られた結果をまとめてみます。

調査結果：①中2までの文法事項は、活動中心の授業であまり解説しなかったとしても、中学校卒業時までに身に付く（インタビュー、KBテストその他）。
②中3で導入された文法事項は、高校で練習量の多いラウンドシステムなどを採った場合、理解度は順調に上がるものの、なかなか使用されない（ex.関係詞）。
③高校で導入された文法事項については、強い傾向は発見できなかった。
④第二言語習得研究の分野では文法解説についてのさまざまな研究があるが、日本のような学校教育においての文法解説の役割については、十分に成果が上がっておらず、まだ分からないことが多い。

結果総括：中1・中2導入の文法事項については、文法解説に多くの時間を割かず、活動中心の授業を行っ

金谷 憲
（東京学芸大学 名誉教授）

たとしても、生徒の活動量を十分確保しさえすれば、中学卒業までにかなりの程度「使える」ようになる。中3導入の文法事項は高校で「理解」は十分に深まるが、「使える」まで行けるかは不明。高校で新規導入する文法事項については一定の傾向は見つけられなかった。第二言語習得研究では、今回の問題意識に直接答えるものはなかった。

こういった結果でしたが、皆さんどう感じましたか。

新しい英語授業時代の到来

鈴木：文法指導に関してはこれまでも何度もの議論がされてきたわけですが、今回の選書では新しい形で文法指導を考えることができたと思います。「英語を使わせていく中で文法指導をどうするのか」を議論する土壌ができた、という印象です。

金谷：調査でそういったものが出てきたという意味ですか？

鈴木：全国に実践例が出てきたという意味です。これまで「使わせながら文法を身に付けさせる指導をする」ことの有効性が言われてはいましたが、実際に教室で実現されてきたかというと、少なくとも日本の中高における授業ではそうではなかった。しかし、実際の実践例が多く出てきたことから、議論する意味が出てきたと思うのです。

金谷：「5ラウンドシステム」などモデルとして確立された実践例が出てきたことで、それを踏まえた議論ができるようになりました。新しい時代に移ったということですね。

インタビューを繰り返す意義

臼倉：私が最も面白いと感じたのは、「文法を教える」という言葉の定義に、Sherpaメンバーの間でもズレがあって、固まっていなかったのに気付いたことです。しょっちゅう議論を重ねているメンバーの間ですら、これだけのズレがあるのだなとあらためて感じました。

金谷：それが今回のテーマですからね。我々の中でも、「文法」を「教える」と言えば、文法を「解説する」という意味で使っていることが多いですね。それだけ、「文法解説＝文法を教える」という発想が、英語教師の骨の髄まで浸透しているということだと思います。

臼倉：第二に、先生方へインタビューをするというのが面白い調査方法だったと思います。先生方に質問を投げ掛けて、答えがすぐには返ってこないことが多かったのですが、それは、こちらが質問をすることで、先生方の中で振り返りが行われ、考えが深まっていくからなのだろうと感じました。また同時に、こちらの質問内容にも少しずつ深まりを感じることができました。そうした経験ができたので、これからの自分の研究でもこの方法を使ってみたいという気になりました。

金谷：教師が日ごろ教室で行っていることは、全て意識的に行っているわけではありません。無意識にしていることについては、インタビューで聞かれても、すぐには答えられないものでしょう。けれども、何度も繰り返し聞かれると思い出すことがあるわけです。

臼倉：そして、調査を終えて、「やっぱりそうか」と思ったのが、「使わせないと使えるようにならない」ということです。当たり前のことなのですが、これに確信が持てたことが、純粋にうれしかったです。

金谷：10年前に、Sherpaで出したアルク選書の一冊目『高校英語授業を変える！』のテーマは、「英語を生徒に使わせられるか」ということでした。生徒に英語を使わせるための時間を授業内でいかに作り出すか、というところから私たちのモデル作りが始まったわけですね。

大田：そう、そう、ちょうど10年前に授業モデルを提案したのでしたね。ただ。その時は文法指導に絞って考えてはいませんでした。授業の前半、和訳などでテキストの理解に費やす時間を減らせば、使わせる時間を捻出できるという話で、「文法をどう扱うか」に焦点を当てたことは今までなかったと思います。

臼倉：今回、そこに注目できたことが良かったと思いますし、今回のインタビューに答えてくださった先生方の思考も深まったのであればうれしいな、と思います。

大田：インタビューを繰り返すうちに先生方から答えが出てくるというのは、先生方が生徒のことをよく観察しているからこそだと思います。日ごろから観察していなければ、答えは引き出せないと思います。

　それともう一つ、調査で出てきた英作文を見ながら感じたのは、生徒が文法を自由自在に使えるようになるまでには長い道のりが必要だということです。生徒にはまず量を与える、つまり、書かせる機会を十分に与えることが先決だとつくづく感じました。

「使わせる」だけでいいのか

大田：今回、SLAの先行研究と我々の調査との結び付きについて、鈴木先生が第4章で書かれていますが、自分が横浜市立南高等学校（以下、南高）・附属中学

臼倉美里
（東京学芸大学 准教授）

校（以下、南高附属中）や青森県立田名部高等学校（以下、田名部高校）の授業実践を見ていて気が付いたのは、使わせる、つまりアウトプットだけではなく、インプットも大事なのではないかという点です。田名部高校の先生方も、「気付きを大切にしている」こと、「アウトプットでもインタラクションが大切である」ことを強調されています。

　この「インプット」、「アウトプット」、「インタラクション」三つのキーワードを考えると、5ラウンドシステムは、全てを行う優れた仕組みだと感じました。

金谷：私もそう思います。でも、今回は5ラウンドシステム礼賛の本ではなく、あくまでも一例です。念のため（笑）。

鈴木：5ラウンドシステムやTANABU Modelのような個別のケースに共通する文法指導のエッセンスのようなものを取り出せたらと思い、第4章を書きましたので、読者の先生方にぜひお読みいただきたいです。

誤りに対する対応

臼倉：誤りに関する考え方も面白いと思いました。生徒が使う英語に日ごろから目を通していると、こんなところをよく間違えているというのに気付くはず。そして、生徒に英語を使わせている先生方は、「今は添削などパスしてよい」という意識を持っておられます。

大田：使わせる機会を常に確保しているのであれば、直すのは、今日じゃなくても、明日直そうか、明後日注意すればいいかとなるわけですね。

金谷：誤りへの対応よりも、使わせることがポイントということですね。つまり、文法を解説すべきかどうかを考えるよりも、使わせる比率を増やす方法を考え

大田悦子
（東洋大学 准教授）

る方が重要だということです。

鈴木：南高附属中で5ラウンドシステムを始められた二人の先生はSLAを勉強されていたそうですね。習得という発想があると違うように思います。

臼倉：文法を教えるではなく、文法が身に付くという考えを、始める前からお持ちだったということですね。

鈴木：第4章にも書きましたが、英作文の誤りをどう直すか、先生方の誤りとの付き合い方は大切ですね。

臼倉：そうですね。先生方は生徒に何か話させたり、書かせたりするたびに、全部直さなければいけないというプレッシャーを感じているかもしれません。しかし、研究で分かっていることは、全部直すことは、英語の習得を助けることよりも、生徒のモチベーションを下げてしまったり、混乱させてしまったりすることにもなり得るということです。

大田：英語をたくさん使わせる授業になっていくと、教師のフィードバックの力量がますます問われてくると思います。

鈴木：そうですね。訂正フィードバックの研究は案外多くて、その成果も蓄積されてきています。こういう蓄積を生かせる時代になってきたともいえますね。

「イントロは文法解説」という進め方

鈴木：アルク選書一冊目で示した授業モデルは、理解に費やす時間を圧縮して、プロダクションの活動の時間を取るというものでしたが、南高附属中は授業のイントロは文法解説、という進め方はしていません。最初に活動した上で、先生が整理してあげる。日本の英語教育ではレアな進め方だと思います。

大田：私も、私たち教師に「文法は最初に解説するも

英語をたくさん使わせる授業では
教師のフィードバックの力量が問われます

説明がないと使えない文法があります。

説明されなくても使える文法と

のだ」という先入観みたいなものがあることに気付かされました。発想を変えればやり方は変わるものなのですね。南高附属中の先生方が、その先入観みたいなものを持たずに実践を始めたことがすごいと思います。

鈴木：イントロとして文法解説という形ではなく、後から整理型にするには、英語をたくさん使わせることを徹底しないといけません。この部分をカリキュラムとして成功させているのが5ラウンドシステムなんですよね。例文を示して説明することから始めるのではなく、とにかく長期的に英語をコミュニケーションのために使っていって、生徒の頭の中に、英語がたまってきたタイミングで整理してあげる。これは、第4章のSLAの「使用依拠モデル」に当てはまるものだと感じました。

このモデルは、もともと学校の教室場面ではなく、自然習得を説明することに使われることが多いのですが、今回、日本の中学校のカリキュラムにも当てはまることがあるのではないかと思い、興味深かったです。

文法解説は本当に必要か

臼倉：「4技能を身に付ける」という話の中で、「英語を使えるようになるには文法が大事だ」とよく言われますが、その意味が気になっています。

金谷：まさに、私たちの今回のテーマですね。

臼倉：大学入試における民間試験利用なども話題になる中ですが、文法を軽視してはいけないと思うのです。

金谷：文法を軽視してはいけないと言いますが、この場合でも、「文法」のイメージが大切なわけです。

私は、文法はパソコンのソフトウェアと同じだとよく言っています。英文法というソフトが頭にインストー

ルされていなければ英語は使えない。ただ、そのため
に分厚いマニュアルを読まなければいけないというよ
うなことはない。英語学習で言えばここで言うマニュ
アルが文法書。ただ、インストールされていることと、
マニュアルのどの部分に何が書いてあるか知っている
ということとは違います。マニュアルを読むことから
始めないと英文法というソフトはインストールできな
いというわけではありません。完全にはできなくても
マニュアルなしでもちょっと触ってみることでインス
トールできる部分はあると思います。

大田：日本語（母語）では先にそれをやっているわけ
なのに、なぜ英語だと違うんだろうと思っちゃうんで
すけどね。

金谷：いやいや、第一言語と第二言語は全然違います
よ。「日本語は先にそれをやっている」と言っても、
幼児が意識的に学んでいるわけではありません。

鈴木：大人だと、幼児が体得してゆくようなやり方だ
けでは難しくなってしまうわけです。金谷先生がおっ
しゃったマニュアルなし、つまり解説なしでもいけそ
うな文法と、しっかりとマニュアルを読まなければ理
解できないような文法があるでしょうから、そのあた
りをSLA研究が少しずつ明らかにしていっているの
だと思います。

研究で分かり得ないこと

金谷：今回第4章でご紹介したSLA研究の中に、我々
の問題意識に直接答えてくれるものはありませんでし
たが、その章を担当した鈴木さん、コメントは？

鈴木：SLA研究で明らかにされてきた文法指導や習
得に対する知見はどんどん積み上がっています。しか

鈴木祐一
（神奈川大学 准教授）

第
5
章

し、まだまだ明らかになっていない問題も多く、授業に直接役立ちそうなことと、まだよく分かっていないことの区別が重要だと感じました。

金谷：SLA研究には教室環境よりも自然環境を想定しているものが多いのではないですか。

鈴木：教室環境についての研究も増えてはいますが、今回のテーマに直結する研究はほとんどなかったです。というのは、我々が一番知りたかったのは、日本の教室のような環境で、かつ何年間といった長期的な観点で、先に文法を解説せずに、どこまで文法が身に付くのかということでした。ところが研究においては、さまざまな制約から、短期的な調査になりがちです。この40年くらい、SLAでは文法指導に関する研究が多く行われているわけですが、今の研究で分かることは案外常識的な範囲にとどまっているというのが私の印象です。

金谷：研究で分かることと分からないことを区別する必要もありますね。実践の全てに一般的な法則性があるとは考えられません。実際の教室は、生徒の個性や教育制度の影響など、本当に複雑な要素が入り組んでいますから。

鈴木：そうですね。私が担当した第4章のタイトルに、SLA研究で文法指導について「分かっていること」と「まだ分からないこと」に加えて、「分かり得ない」こととしたのはそういう意図です。SLAのような科学的研究と実践の付き合い方について、今回は考えさせられました。

金谷：学校制度の中での外国語教育となると、制度として決まっている部分が多い。そうした部分も踏まえて学習・習得の過程を調べている人がSLA研究者の

中にいるのでしょうか。例えば、授業時数が1時間増えるのと2時間増えるのでどれぐらい成果が違うのか、といった研究はあるのでしょうか。

臼倉：南高附属中で見られた成果はとても大きかったわけですが、そういったことが研究されていくのは、まだこれからなのかな。物理的制約のある学校英語教育の中で、文法をいかに身に付けさせるか、というのは、今回の研究が最初なのでは？ これから南高・南高附属中のような実践を行う現場が増えていくと、どう習得されているかというのが明らかにできる可能性があるのではないでしょうか。

教科としての英語

金谷：学校教育の中で考えるとき、まず、教科としての英語か、言語としての英語かという視点の違いがあるように思います。

　文法などを明示的に示すというのは、日本の英語授業では根強いスタイルですね。ところが、日常で友達とのやりとりなどから学ぶ場合には、明示的に教わったりはしない。

　それから英語を教科として考えるときに、他教科と変わらないという人とそうではないという人がいて、前者は文法を解説しなければならないと思うでしょう。一方、他教科とは学び方が一味違うと思っている人はSLA研究が視野に入ってきそうです。

　SLA研究者は普通、学校制度や学習指導要領について考えたりしないでしょう。

鈴木：研究者によりますかね。日本では、日本の小・中・高の英語教育に関心を強く持っているSLA研究者も多いので、学校制度や学習指導要領にも注意を配っ

ている方はいます。

金谷：そういった意味では純粋なSLAでもない。

鈴木：一方で、SLA研究一本でやられている研究者の関心は、外国語学習のメカニズム、さらに言えばヒトの言語習得の特質だったりしますので、特定の国や地域の特有の教育環境を考える必要はないと考えている方もいると思います。

金谷：教科の学びとしての色が濃いSLA研究はあるのかな？

鈴木：もちろん、そういう研究はあります。私は自然習得の研究もしていますが、教室を一歩出れば英語が使われていない日本の環境で、どうすれば教室の中でより効果的に教えられ、生徒たちの英語力を伸ばすことができるようになるかということも研究しています。この選書の担当箇所では、日本という環境で生まれた５ラウンドシステムやTANABU Modelについて自分のやっているSLA研究の知見との関連性をできるだけ説明しようとしました。うまく説明できたところもあれば、少々強引な関連付けになってしまった箇所もあったかもしれません。読者の皆さんからご批判をいただきたいと思っています。

解説が要る事項・要らない事項

鈴木：今回の調査の話に戻ると、インタビューから出てきたのは、中１・中２の文法の多くは音読やペアでのやりとり等の繰り返しで、確実に使えるようにはなっているということですね。中１・中２の文法は３年間使って、使いこなせるようにはなってくるが、複雑な中３のものは別操作が必要だということもあるのかもしれません。

174

大田：中３で出てくるものはルールが抽象的で、導入が遅いから中学で使う期間も短い。中には、説明も難しいとおっしゃっていた先生もいました。

金谷：でも、関係詞による後置修飾などは、原理自体は日本語にもあるので、そんなに難しいものじゃないでしょう。主格だの目的格だの言い出せば複雑にも思えるけれど、日本語でも「お母さんの作ってくれたお弁当」なんて言うわけで、大きな違いは修飾節の位置ですよね。それさえ分かれば、理解の方はそんなに難しいとは思わないけどな。

鈴木：he/sheの違いには他己紹介などで気付けるから、代名詞などは説明なしでも身に付く。しかし現在完了と過去形の違いは抽象度が高いので説明が必要ということでしょうか。

金谷：抽象度というより、ニュアンスが違うだけ、ということが習得の難しさだと思うんだけど。ニュアンスの違いだけだと、言い表されている事実に違いはないので、使っているだけじゃ違いが分からないということはあると思います。完了などはその例で、過去形で表しても事実に大きな違いはない。それに対して、例えば、能動態・受動態を間違えると、犯人と被害者が逆になっちゃうから、分かりやすいともいえますね。

鈴木：支障を来さない抽象度の高いルールに関しては、しっかりと解説などでフォローしてあげる必要があるのかもしれません。現在完了形は使わなくても生きていけるから習得されないこともあるかもしれません。

金谷：結局使わせることが大切だということで一致はしていると思いますが、ある文法事項について、最初に説明しないと生徒が使わないのであれば、最初に解説した方がいいかもしれません。自信がないと使わな

いavoidance（自信のない文法事項などを使うのを避ける）という現象もありますね。特に日本人にはこの傾向が強いといわれています。先生が最初に「こういうルールだよ」と言ってくれると安心して生徒が練習などで使うという効果はあるかもしれない。

臼倉：南高の先生がおっしゃっていたことの中には、明示的に説明したものを生徒が使わなくてもよいところで使っているというのがありましたね。そういった影響が説明にはあり得ると思うのですが、それは習得にどう関係してくるのでしょうか。

鈴木：もちろん、習ったばかりのルールは使ってみたいと思う生徒はいるでしょう。また、解説で導入した文法事項を問題演習で使わせようということを頻繁にやれば、生徒は、今日はこの文法事項を使う日だと思って、使わなくてもいいところで使ってしまうことはあるでしょう。つまるところ、先生がどのような使わせ方をするのかが大切ですね。

臼倉：タスク設定やそれが使える活動を与えるのが大切という話になりますかねえ。

金谷：習得を促進するうまい解説と、習得を促進しないもの、阻害するものがあるかもしれません。「大過去は、過去よりも昔のことを言うときに使う」と説明してしまうと、昨日より一昨日の話をするときに大過去を使ってしまうことなどがあるでしょう。説明したためにそうなってしまうということです。

2）実際の授業にどう生かすか
―調査結果の応用―

金谷：さて、調査への感想はこのくらいにして、今回

　※TANABU Modelで使用する7種類のワークシート

得られた結果を、今後授業でどう生かすのかという話をしましょう。大ざっぱに言ってしまうと「解説より活動」ということではあるのでしょうが、どうですか？

中高の事情の違い

鈴木：中学と高校はかなり事情が違うので、分けて話した方がよいと思います。

南高附属中では先生と生徒のおしゃべり（スモールトーク）が中心かつ潤滑油になっていると思います。ここは高校との違いかと思います。高校になると題材が難しくなり、生徒のレベルも学校ごとの差が大きい。「おしゃべり」が英語でやりにくいと思います。

TANABU Modelの観察からだと、生徒とのおしゃべりではなく、このモデルで使っている七つのハンドアウト*がメインになっています。他校の先生にもかなり人気で、私の知り合いの先生も試してみたくなったと言っていましたので、汎用的なものだといえるのではないでしょうか。

コミュ英（コミュニケーション英語）に絞って言うと、七つのハンドアウト・活動は最終的にアウトプットするまで活動中心でやっていきますが、活動の中に文法の指導を統合できるかがポイントになると思います。

例えば、田名部高校の先生へのインタビューで出てきたことですが、最初のハンドアウトのパラグラフチャートで、穴埋めの箇所をターゲットの文法のところにし、そこに自然と注意が向くようにすることは、広く捉えた際の解説という方法以外で文法を教えるということになるのではないかと思います。

コミュニケーション英語と英語表現の違い

金谷：コミュ英と英表（英語表現）でもかなり違いがあるのではないでしょうか。田名部高校で、英表では文法解説はしています。でも、先生方は解説しているという意識はあまりなく、積極的に解説しようというつもりはないというのが、共通したところとしてあるように思います。英表では文法項目別に並べた教科書を「普通に」やっているというコメントでした。「ということは文法解説していますよね」と確認すると「そういえばそうかもしれない」とのこと。どうも文法解説に対してのノリがポイントのような気がします。

　文法解説もどのくらい時間と熱意（？）を持ってやるかによって、学校全体の英語授業の印象はかなり違ったものになってくると思います。「普通」にやっている学校・学級と「解説しなければ英語は身に付かない」と思ってやっている学校・学級では、文法解説の重みが違ってくる。

"ミルフィーユ"が大切

臼倉：第4章にも説明がありますが、中学での取り組みで、先生方に共通して言えることは、文法・言語を使えるようにするには"ミルフィーユ"が大切ということではないかと思います。

大田：ミルフィーユについては解説が必要では？（笑）。

臼倉：あ、そうですね。これも第4章の復習ですが、ミルフィーユは、ご承知のようにパイ生地とクリームなどを薄く何枚も重ね合わせるお菓子のことです。ちなみにミルフィーユとは、フランス語のmille-feuilleで、千枚の葉という意味です。薄いものを何枚も重ね合わ

せるイメージですね。

　使えるようにするのは音読などの練習（パイ生地）部分だけではうまくいかず、教科書で扱っている会話やストーリーに関することについて、先生が生徒と英語でやりとりするクリームの部分もなければならない。音読などの練習（パイ）を何回かしたら、先生が教材と生徒の生活との接点を付けるようなやりとり（クリーム）が入って、また練習（パイ）という、まるでミルフィーユのように何段にも重ねられることが大切だということです。

金谷：そう。でも、それは中学校のこと。高校で今述べられたようなミルフィーユ状態を作り出すのは、そう簡単ではないでしょう。

高校のミルフィーユ

臼倉：高校がミルフィーユになっていないということは分かっていますが、それを高校でやるのも大切だと考えています。実際にできるかは分からないですが、そこに向かって授業を改善していく必要があるということが言いたいんです。

　ミルフィーユが完成している場合には、文法解説に関しては、その場その場で、先生が判断してやっていけばよいことじゃないかと思います。

金谷：クリームの部分は文法解説では？　と言われたら、それでもいいのですか。内容理解と文法解説のミルフィーユだとダメですか。

臼倉：そのミルフィーユはおいしくないと思う（笑）。だから身に付かないと思うんです。圧倒的に使わせる部分が少ないので。使わせる部分が確保されていれば習得は進んでいくと思うんですが。

鈴木：もちろん、ただ使わせるだけではダメで、スポーツの名コーチみたいに上手に生徒の英語の習得を導いて、支えていってあげないといけないですよね。

臼倉：それができる先生はものすごく力のある先生でしょう。観察力や調整力が必要なのは分かっています。ではどうしたらいいのかというのは現実問題としてはあると思います。

大田：ミルフィーユが実現するといいというのは分かったんだけど……だとすると、教師に依存することが多いということになりませんか。観察力・判断力などは外から与えられるものではないし。

臼倉：いきなりおいしいものじゃなくて、まずくても、ミルフィーユを作ってもらうことが大切であるとも思うんですよ。

大田：たとえうまくいかなくても、先生には生徒と英語でやりとりすることに挑戦してほしいってことかな？

臼倉：そうです。クリームが少し味気なくても、取りあえずクリームを入れてもらわなければ、ミルフィーユはできない、英語は身に付かないということです。

いろいろなミルフィーユ

臼倉：私のイメージだと、5ラウンドシステムで行われている文法の整理などはミルフィーユのパイの部分に含まれる感じでしょうか。

金谷：そうですね。ただ別の立場の人から見ると、ちょこちょこ解説すればいいと捉えられるかもしれないけれど、それでいいとするかは難しいところですね。現実に先生が意図してなくても、説明はしているもの。生徒が質問したら先生は答えるもので、意識してはやっていなくても、実はしょっちゅうやっている。パイの

部分だけでなくクリームの部分でもやっているかもしれない。

鈴木：それが、ただ単に問題演習に対して答えているのか、生徒が表現したいことについて答えてあげているのかでは全然違うと思うんですよ。基本的に英語の文法ルールについて勉強している時に、ルール形式を覚えたとしても実際のコミュニケーションで使う機会が十分ないと、英語を話したり書いたりすることはできるようになりませんね。

意味重視の活動

大田：「内容のやりとりをする中で必要な文法」ということが大切ですよね。必要なとき、質問をされたときに与えるもの。そこまで文法を教えているということではなく、意味重視で行う、そしてこれがおいしいクリームになる。

金谷：ただ、問題は高校。音読などの練習はある程度できそうですが、生徒の生活と結び付けた会話のようなものはできるかというとどうでしょう？

臼倉：テキストの難しさなどもあるので、毎回はできないかもしれませんが、易しいものを使ったりしてやることはできるんじゃないでしょうか。あるいは時間をかけてゆっくりやってあげるとか……。

大学入試の問題

金谷：さて、それができるかというと、必ず出てくるのが、「入試があるから」という話ですね。これは昔から議論されていますね。生徒のレベルに教科書のレベルを落としてしまうと行き先（大学入試）まで行き着けない。易しい教科書の文法だけでは、入試に対応

文法解説と運用練習の
ミルフィーユ を実現する

第 5 章

できないと。常識で考えると、生徒に寄り添わないで行き先に行けるはずがないはずです。入試というところに行き着いて受験するのは誰なのかというと、それは生徒ですね。教科書とそこに載っている文法事項を全部授業で扱ったから、そこに到達できるかというとそうではない。だから、教科書のレベルは落とせない、高度な文法の解説も省けないというのは理解に苦しみます。

臼倉：まあ、生徒に合わせてやれる範囲でよいというやり方に、不安を覚える先生方の気持ちは十分理解できます。でも、だからといって寄り添うのをやめたら、生徒に英語は身に付かないと思う。

金谷：いや、その不安も理解できない（笑）。だって、寄り添う以外に方法はないのは当たり前のことですよね。先生が授業で教科書の全課を終えたとしても、生徒の身に付いていなければ意味がないですからね。生徒の身に付いていないという面は不安ではないのでしょうか。

大田：高いレベルの教科書、文法などを扱うのは、先生が生徒を引っ張り上げることをイメージしているのでしょうか。

金谷：上からロープで引っ張り上げるか、下から背中を押すか？　っていう感じのイメージかもしれないけれど、引っ張り上げるにも限度がありますよね。

臼倉：この場合のロープが何になるのかも、ちょっと理解しにくいですが……。

教室で扱った事実を作る

金谷：先生が授業で教えたというのは、先生が教室でそこまでは扱ったということでしょう？　あるいは一

課○時間だから、それが足りなくて終わらないというような話。形式上、先生が教室でカバーしたということで話している先生が多いと思います。

臼倉：定期考査の進度の話と同じ。中間テストまでにレッスン4までやらないといけないとなった際に、生徒の理解が追い付いてなくてレッスン3までしか終わらない場合でも、レッスン3までの内容がしっかり身に付いていれば、レッスン4まで「扱った」だけのクラスよりも良い点が取れることもあるように感じます。

鈴木：教えたことが身に付いたかを考えるとき、長期的に見ないといけないとは思います。

大田：そう。例えば、南高では、外部模試で、他はかなりできるのに文法の大問で点数が取れない。けれども長期的に見るとできるようになるので、卒業時には帳尻が合う、と言っていました。こうした事実を忘れてはいけませんね。

金谷：担任がどう頑張ったって、先生がどれだけいい説明をしたって、生徒が寝ていたら意味がない。

　長期的という話でいえば、南高の模試の例もそうだけれど、山形県立鶴岡中央高等学校のSpeak Outの例もあります。学校指定科目を作ったり、夏休みの講習を使って、発表活動まで持っていきやすいレッスンをもう一回やる。こうしたことをやると、当たり前ですが、そのレッスンの内容がより身に付くわけです。

鈴木：入試がReadingとListeningだけであれば、書かせたり話させたりしないで、「読む」と「聞く」の二つに集中させた方が、効率的だといえるのかもしれません。今、大学入試が変わるところで、まさに過渡期にあると思いますが、受験指導についても同時に考える必要があると思います。

大田：入試がReading、Listeningだけだとして、その２技能にだけに集中させて、本当に使わせなくても良い点が取れるのでしょうか。SpeakingとWritingでアウトプットできることが、Reading力やListening力にも影響を与えるのではないでしょうか。

入試対策としての素地作り

臼倉：例えば、高校３年生になった時に入試対策として「読み・聞き」を徹底するということはよくあるように思いますが、リーディングやリスニングのスキルを伸ばすためには素地が必要で、その素地を作るためには高３になるまでに、いろいろなことをやらないといけない気がします。

鈴木：そういえば、Sherpaで作った『高校生は中学英語を使いこなせるか』（アルク選書）の追跡調査をしたのですが、中学英語の出来栄えと、センター試験の自己採点にそれ相応の相関関係があって、特にdictationとは、高い相関を示していました※。そこから見えてくることは、中学英語の定着が大学入試にも重要だということです。中学英語の定着が確保されて、そこにプラスで受験対策トレーニングが効く、ってことじゃないでしょうか。

　だから、受験を意識するなら、高１・高２から難しいものをやらせるのではなく、中学で学んだ基礎をしっかりと定着・発展させることに重きを置いた方がいいケースが多くあるということになる。

模試の弊害

金谷：私は、模試に関しても高１から受けさせるのはやめてほしいと思っているんです。もちろん英語科だ

※関東甲信越英語教育学会・研究会推進委員会 (2018)「高校生は中学英語をどの程度使いこなせるか――中学英語定着テスト間の相関とセンター試験との関連――」 *KATE Journal*, 32, p.115-129.

けで、模試をやめると言える問題ではないのでしょう
が、模試は入試を意識して行うものだと思います。何
で３年後の入試準備として、英語を定着させるという
授業に精力を使うのではなく、テストに任せようとす
るのかが分からない。文法解説を少なくして、英語を
使わせる傾向が強い学校で、模試の文法の大問が弱い
からダメだという批判が他教科から出ることは、模試
の弊害といえるのではないでしょうか。もっとも、セ
ンターの新テスト（大学入学共通テスト）では、その
文法大問がなくなるので、模試も少しは変わるかもし
れないけど。

臼倉：インタビューでも、南高附属中で中１・中２の
時にはダメだったが、結局は帳尻が合うというお話が
あったので、金谷先生がおっしゃるように、高校の模
試の話も途中経過の問題といえるかもしれません。

金谷：しかし、帳尻が合うまでの間が大変なんですよ。
大問ができないと、他教科の先生にまで、「英語科は
何をやっているんだ」なんて、お叱りを受けて、担当
者は苦労する。

臼倉：文法セクションができないのは、その事項を解
説していないからということもありますが、文法だけ
を試される意味が分からないということもあると思い
ます。南高附属中で、教科書の副教材で単語を並び替
えて文を作るという問題がとても出来が悪いというこ
とがありましたね。生徒にとってはまず言いたいこと
があって文を作るものなのに、単語だけ与えられてそ
れで何か文を作れと言われてもよく分からない。だか
ら、解けなかったというだけで、その文を使えないわ
けではなかったんだと思うんです。文法を解説するか
はともかくとして、テストが何を要求しているのかを

生徒に理解させる入試対策が必要という話になってしまうと、何のための勉強なんだ？と思います。

金谷：そして、もう一つ、4技能の話でいうとSpeakingとWritingが他の2技能と違って思われるのは、実際に問題が易しいからなのではないかということも考えなければならないと思います。これまでのセンター試験などのリスニング問題はとても易しい。読解問題は600〜700語くらいの長文が出ているのに、リスニングの方は、そこまでの長文が出ない。ライティングも国公立で100語、150語、私立大で書かせるとしても普通は20語前後。

大田：入試対策用の教材にしても、授業で日ごろ使っているものと全然違う別のものを使っていたりする。コミュ英や英表でやっているものを再利用したりしてなんとかSpeakingやWritingをやれないですかね。

コミュニケーション英語と英語表現のバランス

金谷：私たちは今回、コミュ英に注目しましたが、英表に関してはインタビューにもあまり出てきませんでしたね。まあ、この二つを分けるのは案外いいのかもしれない。英表は淡々とやっているからコミュ英は工夫してみようというのは悪くないかもしれませんね。田名部高校のノリでね。

大田：南高附属中のインタビューで、文法は整理で扱うということで出てきましたが、高校では英表が整理で使われるとよいと思います。南高の先生が、コミュ英で出てきたものを英表で復習（整理）するのがいいという話をされていたと思います。

金谷：そのためにはコミュ英で使わせる必要がありますね。分業が本当にうまくいったら意外とうまく機能

するのではないかなどと思ったりします。田名部高校は英表を淡々とやっていたら意外とバランスが取れたということかもしれない。

今出てきたように、文法解説を先にやると生徒が退屈してしまうし、自分も嫌だという高校の先生がいました。「コミュ英の教科書のあそこで出てきた、ここで習ったでしょ」というように、生徒の注意を向けるとやりやすいし、生徒も集中すると。

ですから、先生方、誰でもできそうなのは、コミュ英に合わせて英表の順序を変えるということです。これはこのごろ、高校の先生方の研修などでよく私が提案していることです。二人の先生が、コミュ英、英表を別々に担当していたら（ほとんどの場合、そうだと思いますが）お互いにいつも連絡を取り合って授業のペースを合わせるのは難しいでしょう。でも、コミュ英の教科書に出て来る順番に英表で教えるようにすれば、どちらかが必ず復習か予習かにはなります。英表で先にやれば、コミュ英の予習になる。逆にコミュ英で先に出てくれば、英表で復習としてその文法事項を思い出しながら学ぶことができます。実際、このようなやり方をしている学校もいくつかあります。

山形県立新庄北高等学校は、ここから一歩踏み込んで、この二つの科目を合体させた上で一人の先生が教えています。この方式をKitaCOMと呼んでいます。北高のKita。COMはcommunicationとcombinationだそうです。英表の教科書を文法の問題集のように使っています。

いつもコミュ英と英表2冊の教科書を用意させて、それを行ったり来たりすることは、できないことではないでしょう。

大田：二つの科目を行ったり来たりして、なるべく生徒に気付かせるということですね。南高の先生方はインタラクションのプロの域に入っていて、間違いをスルーすることができますが、これから授業を変えようとする先生は、すぐ説明したくなるのを抑えることが必要でしょう。田名部高校の先生のアンケート回答にあった通り、「言いたくても我慢する」ということが大切ですね。

金谷：我慢するのが修行ですね。生徒の学習優先の授業をすると、先生方は説明しないフラストレーションを感じるとよく聞きます。だいたい、先生は解説が好きな人が多い。語彙に関しても解説するのが好きな先生がいたりする。

大田：そして、それが好きな生徒もいる。

鈴木：削れることがあるかということで言えば、語彙に関する解説は削れる。教科書に出てくる単語を先にアプリ等で導入しておくこともできますよね。

金谷：解説と活動はどのくらいの割合がいいのかという話では、解説の対象となるのは文法だけではない。要するに直接生徒が英語に触れながら何かするという時間を減らしてしまうことは避けないといけない。

臼倉：優先順位を間違えなければ解説の仕方などはどうでもいいということじゃないですか。使えるようにするために、授業中に英語を使う時間を十分に確保しようとすれば、解説のための時間はおのずと短くなる。そこで何をどう説明するか中身は何でもいいのでは。

教師不要の英語教育

金谷：生徒の活動中心・学習中心の授業をするとなると、指導案の書き方（作り方）も変わってくるのでは

ないでしょうか。生徒の反応によっては、その場でやることを変えてゆかなければなりません。50分授業の50分を全てかっちりと計画してしまっては、生徒の調子によって変えてゆくのが難しい。もちろん、生徒が飽きてきたから語源の話をしてみようか、というのはありですが、それは指導案に書くようなことではない。

鈴木：今のところSherpaの考え方としてスキルベースではありますが、究極的にはトレーニングに特化したものもできるのではないかと思います。生徒によってペースも違う。トレーニングベースにしておけば教師なしでもいいということになるかもしれない!? 教師も削られる対象になり得る……。

金谷：おお、爆弾発言だ（笑）。でも、確かに昔と違って、駅で駅員さんが切符にはさみを入れるようなことはなく、機械がやっているのが当たり前です。もうすでに多くの場面で機械が人に置き換わっているのだから、AIにやってもらった方が生徒のためになるかもしれません。テストなどは、データの蓄積が十分にあれば、AIにテストしてもらった方がよいかもしれません。後は活動というときにAIと活動ができるか……、むしろそれが面白かったりして？

鈴木：いや、コミュニケーションのやりとりは当分人間の方が……。

大田：でも、それがうまくない先生もいますよね。そうなると大変。AIに負けてしまう。

臼倉：南高附属中や南高の先生のようにインタラクションがうまい先生が生き残るということですか？ ちょっと、怖い話になってきましたね（笑）。

3）今後調査したいこと
―Sherpaとしての展望―

金谷：怖い話になったところで、話題を変えましょう。

　今回の調査は、首尾一貫したデザインで進めることができず、いろいろなソースからのデータを寄せ集めて見てきました。その意味でデータを奇麗な形でお示しできなかったのはちょっと残念ですが、学校現場の研究をするのに、研究者がやってほしいことを一校に全部やってもらうのは、現実的に不可能です。

　そんなことも含めて、今回できたらやっておけばよかったとか、今後はこんなことを調べてみたいなどの抱負があれば話し合っておきたいと思います。

インタビュー調査

金谷：と言って皆さんに振っておきながら、私から口火を切らせてもらうと、まず、今回協力いただいた先生方にもう何回か協力いただいて、インタビューを続けたいと思います。この選書のために、多い方で2時間ぐらいのインタビューに3回お付き合いいただいています。6時間です。しかし、これで、文法指導についての情報が出尽くしたかといえば、そうでもないと思います。3回やる中でも、1回目には出てこなかった生徒の反応の話、2回目には出てこなかったエピソードなどが3回目にして出てくるわけです。時間を経て同じ質問を繰り返してゆくことで新しい発見があり得ると思います。

臼倉：もっとも、先生方がこれ以上お付き合いくださるかどうか、という問題もありますが（笑）。

テスト結果分析

鈴木：FMテストとKBテストの結果をもう少し細かく見てゆくのも面白いと思います。

　南高のKBテストでは、中3であまり解説を受けていない文法事項についても、高校で理解は順調に伸びています。これは今回分かったことですが、FMテストのDoor問題（John opened the door Mary closed.）でも正解率が高く、高2で85％に達しています。しかし、逆に言うとまだ15％の生徒は正解できないということになります。この15％の生徒さんたちは、どのようにこの意地悪な問題について考えたか、など問題別に細かく調べてゆくとかなり面白いことが出てくるんじゃないかと思います。

金谷：なるほど、それは良いアイデアですね。そうなると、今回KBテストなどを受けた生徒さんが高校を卒業する前に聞いてみないといけませんね。

英作文調査

大田：私は、田名部高校以外の生徒の英作文を見たいと思います。今回は田名部高校の生徒だけについて調べてみて、中学で習った文法事項を生徒が使うに至るまでは相当の時間がかかるものだとつくづく思いました。他の高校でも同じようなことが見られるかを確かめてみたいんです。

金谷：それはよいと思うけど、英作文の研究って結構やられていますので、先行研究をまずしっかり押さえた方がよいと思います。また、生徒の作文に基づいた学習者コーパスなどもありますから、それもよく見てゆくとよいでしょうね。

中学英語定着テスト

大田：それと、もう一つ興味があるのが、今回協力していただいた公立高校に、私たちが以前作った中学英語の定着を見るテストをやってもらうということです。例えば高校１年生、２年生の終わりでやってもらうことで、TANABU Modelの成果が見られたりもするのではないかと思います。

金谷：確かにそうですね。アルク選書『高校生は中学英語を使いこなせるか？』（2017）で試したさまざまなタスクですよね。速読、Listening、Dictation、和文英訳、Picture Description（２種類）の６種類で、結果としては、「使いこなせている」状態からはほど遠いということ、面白いのはDictationとセンター試験自己採点の相関が極めて高かったこと、などがありました。

大田：そう、それです。それを今回協力いただいた学校の生徒さんに試していただくと、文法解説にあまり時間を使っていないことの"効果"が垣間見えてくるのじゃないかなと思います。

金谷：今後ぜひ、試してみましょう。ただし、同時にたくさんのことを特定の学校にお願いするには限度があるので、少しずつになりますけどね。

高校新出文法事項の定着調査

金谷：それから、今回、中３導入の文法事項はKBテストやインタビューである程度分かってきました。まだ分からないのが、高校で導入される文法事項のその後です。これを知りたいですね。

大田：大学などに追跡調査ってことですか。結構、難しいですよね。

金谷：インタビューでもちょっと分かった感じがするのですが、高校導入の文法事項と中学の事項とは重さが非常に違うと思います。第4章でも整理されていますが、中学文法はそれなしでは英語が使えないというほどに基本的なことです。それに対して高校の方は、使えた方がよりかっこいいといった程度のもので、習得という範ちゅうに入るというより、習熟というものの中に入るものが多いのじゃないでしょうか。

臼倉：ということは、どういうことでしょう。

金谷：大学へ追跡調査をかけても、生徒のニーズによってはほとんど変化しないのではないかということです。ネイティブスピーカーだって、基本文法は誰でも身に付けていますが、ある程度以上の文法項目、言い回しについては、まったく使わない、あるいは、他人が使っても理解できないようなものがある。高校導入の文法事項って、多くはそうしたものではないかなという気がします。そうしたことを含めて高校導入の事項がどうなっていくのかが分かると面白いという気がします。

授業の観察

鈴木：今回のアプローチ（インタビュー）を通して実践者の先生が普段意識的でない部分も上がってきたと思うのですが、そこに上がってこない部分は見逃してしまう恐れがあります。だから、授業などに張り付いたりして観察するという方法があると思います。

金谷：観察も一つの方法だとは思いますが、観察者が見逃すこともありますね。ひところは授業観察がものすごくはやった時期があります。が、今はどうしているのかな？

鈴木：文法指導の切り口で観察してみると、今回聞き

普及に貢献したいですね

活動に重きを置いた授業実践の

第5章

文法解説に時間をかけない効果が

テストに表れるかもしれません

きれなかったことが出てくるのではないかと思います。

金谷：テストだとある点について焦点を当てて引き出すわけですが、自然観察は出てくるまで待つということになります、なかなか出てこないということもありますね。自然観察は意外と難しいですよ。野生動物の写真を撮る人が、長い間待つというのとも似ていると思います。かなりの忍耐と時間が必要で、新しい研究方法を編み出す必要がありますね。

文法指導に関する教師の変容

鈴木：今回の調査で、もともと、生徒が英語を使う授業をしていなかった先生が、より使わせるにはどうしようと考えるようになり、文法解説より練習だと感じるようになる先生の変化も面白かったので。今回ここはあまり取り上げられなかったのですが、その辺もっと拾ってみたかったですね。

金谷：でも、それはいろいろなところで出ているとは思います。生徒の反応について、廊下や職員室で情報交換が自然に行われ、先生方がチームになったとかとういう変化ですが、文法指導に焦点を当てたものはないかもしれないので、この点に特化して調べるのは価値があるかもしれませんね。

鈴木：文法指導に関する先生の変化ということで言うと、インタビューの中では、先生同士の話もあり、田名部高校以外でこのTANABU Modelをやってみようということになった公立高校で、一人の先生が別の人を誘って始めた高校がありましたね。誘われた方の先生は、最初は抵抗があったようですが、やっていく中で、ここは文法項目を絞って教えようなどといった考え方の変化があったとインタビューで分かってきました。

そもそも大学でSLAなどを学んでいたら、こうい
う考え方は当たり前なことだと思いますが、そうでな
くてもTANABU Modelのように「型」にまず入って
みることで、教師が文法指導に対する考え方を変える
ことができた。SLAの本を読んで学んだりしなくても、
こういう変化が徐々に出てくるというのは面白いと思
いました。でもやはり、私としてはもっと多くの先生
方にSLAに興味を持ってもらいたいなとは思います
が（笑）。

出現頻度調査

臼倉：あと、教えないといけない文法と教えなくてい
い文法を知りたいですね。あるかないかも含めて。大
過去は説明すると習得が進むのではないかということ
があったが、それが万人に当てはまるのか？　どう説
明するのがいいのかという視点もあるが、文法の説明
が必要なものを弁別したいものです。

金谷：しかしそれは、科学的に研究できるでしょうか。
先生だって昔は生徒だったことを考えると、今の自分
に何ができて、何ができないかということを考えれば
だいたいの見当が付くのではないでしょうか。

　例えば、冠詞についてはかなり説明を受けているは
ずだけれど、私なんかはいまだにうまく使えない。取
りあえず、自分の胸に手を当てて考えてみればよいの
かもしれませんよ。

　そうした自分で考えてみれば分かることとは別に、
あってしかるべきデータとか研究がないとうことはあ
りますね。例えば、高校のコミュ英で、ある文法項目
が何度出てくるのか。誰かが数えればいいことなのに。
高校で導入されるものは少ないかもしれませんが、中

3の受け身などは、どこでどのくらい出てくるのか、データは意外とない。いろいろな文法事項を見てみて、数えてみるといいのではないでしょうか。

大田：そうですね。例えば、高校の教科書で中3の受け身が何度も出てくるということであれば、その都度の解説はちょこっとで済みますね。

臼倉：南高の先生が、「文法指導は必要なときにチョコチョコと」とおっしゃったことにも通じてくると思います。

金谷：一方、教科書に1カ所しか出ていなくて、後は全然出ていない事項については、出たときに解説する必要はあるかもしれません。まあでも、逆に考えれば、教科書に1回しか出てこない文法事項が時間をかけて解説すべき事項とは思えません。

鈴木：大学入試問題の出題頻度と、高校の教科書での出現頻度がどの程度一致しているかを調べてみることにも価値があるかもしれません。文法の参考書に載っている事項と入試での出題頻度の関係は金谷先生たちがお調べになった『教科書だけで大学入試は突破できる』（大修館書店）などがあることはありますが、大学入試が重要だといわれている割には、案外調べられていないと思います。

活動中心の授業を普及させるために

臼倉：先生が「よし、実際に見てやってみよう」と行動に移すためには大量の学校での成功例が必要なのではないかと思います。

金谷：便宜的に言えば、説明してなくても文法ができちゃっている学校がいくつか出てくればいいことですよね。

努力は必要ですが、例えばラウンドシステムなどは私の知る限りでも20校以上やっています。また、これからやろうという話も聞いています。また、これまでも活動の方に重点を置いて指導してこられている学校や先生方もいらっしゃるので、すでにある取り組みに光を当てるようなことはSherpaがすべき仕事だと思います。

臼倉：活動に重きを置いた授業実践を普及させるためにも、いろいろな切り口でサポートになるエビデンスを示すことをしたいと思います。実践例を見てやる気になる人もいれば、生徒の様子のデータを見ることでそれをやってみようと背中を押されることもあるかもしれません。全部Sherpaで引き受けて、同時進行は難しいでしょうが。

金谷：まあ、ですから、Sherpaの仕事も優先順位をつけてやらなければなりませんね。普通の先生は結果が良ければ、やってくれると思います。結果に何が効いているかはあまり気にしない。5ラウンドシステムを実施している学校も年々増えていっていますが、どこも失敗はしていません。「どこかの学校がやってくれてうまくいったら、自分の学校でもまねしてやってみます」と全員が言っている間は、現状は変わりません。しかし、現在、実際に文法解説より活動に重心を移して成功している実例があるのですから、今までとは異なり現状は動きやすくなっていると思います。

大田：高校はある程度学校単独で授業の進め方を選べると思いますが、中学校はなかなかそうはいきません。例えば熊谷市は教育長主導で、トップダウンで全市立中に5ラウンドシステムを導入したことを考えると、もっと上の人にアプローチする方が効果があるのでは

一発で英語教育を変えようと焦らず
地道な努力を続けていきましょう

ないでしょうか？

金谷：おっ、ついに政治運動を起こしますか（笑）。

鈴木：私たちが政治運動を起こすまでもなく、例えば南高附属中の５ラウンドシステムの話は横浜市議会で、成果が取り上げられたりもしていますよね。

大田：やってみたら、先生の意識が変わるということがあるでしょうから、とにかくどうやって最初の一歩に持っていくのかということが課題になりますね。

鈴木：南高附属中が５ラウンドシステムの本家ですが、熊谷にこのモデルが行った際に捉えられ方や進め方が変わったりしたはずですよね。今回は南高附属中しか見ていないですが、熊谷にはいろいろな５ラウンドシステムがあるのではないでしょうか。そのバリエーションを見てみたいですね。

金谷：そう、横浜でさえ、約10校が実施しているそうです。私は、南高附属中以外にも、横浜市立中川西中学校、横浜市立横浜吉田中学校の２校には、年に何回か行って授業を見ています。この３校だって、どこもうまくいっていますが、かなりテイストが違っていますよ。

鈴木：文法解説にあまり時間をかけず、英語を使って身に付けさせることができる授業を広めていくためには、そういう授業実践を積み上げていったり共有したりして、興味を持っている先生が実践しやすくするための環境整備が必要です。そのためにも、実施校の授業映像を撮影させてもらい、全国で共有できるようになればよいですね。

金谷：熊谷市では、担当の指導主事さんが頑張っていて、全校のビデオを撮ってアーカイブ化し、全校の先生方が共有できるようにしています。南高附属中も最

初のころは定期的にビデオを撮っています。5ラウンドシステム1期生については中1のとき、毎週のように大学生のチームが来てビデオ撮りをしていました。現在、市販されている南高附属中のDVDには、このとき撮った授業実写が織り込まれています（『横浜5 Round System〜1年に教科書を5回繰り返す中学校英語授業〜①②』ジャパンライム参照）。もうあるものは、利用しなければ。

Sherpa の道

金谷：現在のように新しい教育スローガンがどんどん出てくる中では、スローガンはひとまず脇に置いて、じっくりと授業改善に取り組まなければなりません。

　それには生徒の学習過程の実際などを押さえて先生方にお伝えすることが私たちの仕事として大切だと思います。

　今回は、「文法」を「教える」ということでいろいろ調べてきましたが、生徒の英語学習のプロセスを知るということが大変大切だという思いをあらためて強くしました。また、先生方の日ごろの指導の詳細を知ること、先生方自身が内省し思い出して、意識的にやっていること、意識しないでやっていること、意識してもやっていないことなどを把握することの大切さを一般的に思い知ったという気持ちです。

　今後もいろいろなデータを示したり、実践を紹介したりして、Sherpaとして先生方をサポートしていきたいと思います。今回の選書もそのうちの一つだと読者の方たちにも理解していただきたいですし、私たちの中でも、一発で英語教育を変えようと焦らず、地道に努力を続けたいと思います。これからも頑張りましょう。

引用文献 金谷憲（編著）（2009）『教科書だけで大学入試は突破できる』大修館書店

金谷憲（編著）、高山芳樹・臼倉美里・大田悦子（著）（2011）『高校英語教育を変える！　訳読オンリーから抜け出す3つのモデル』アルク

金谷憲（編著）、臼倉美里・大田悦子・鈴木祐一・隅田朗彦（著）（2017）『高校生は中学英語を使いこなせるか？　基礎定着調査で見えた高校生の英語力』アルク

金谷憲監修『横浜5Round System〜1年に教科書を5回繰り返す中学校英語授業〜①②』（DVD）ジャパンライム

関東甲信越英語教育学会・研究会推進委員会（2018）「高校生は中学英語をどの程度使いこなせるか――中学英語定着テスト間の相関とセンター試験との関連――」*KATE Journal*, 32,p.115-129.

第**6**章

「文法」はどう「教える」
～文法指導のヒント～

Contents

「文法」はどう「教える」〜文法指導のヒント〜

金谷 憲

調査結果の考察

　繰り返しになりますが、もう一度、今回の調査結果を見ておきましょう。ひとくくりにまとめて、短く表現すると、以下のようになります。

結果総括
○生徒の活動量を十分確保すれば、文法解説に多くの時間を割かなくても、中1・中2までの文法は中学卒業までにかなりの程度「使える」ようになる。
○中3導入の文法は、高校で「理解」は十分に深まるが、「使える」までいけるかは今のところ不明。
○高校での新規導入の文法事項の理解と定着については一定の傾向は見つけられなかった。
○第二言語習得研究の成果としては、長期にわたる学校での文法解説の効果については定説には至っていない。

指導は解説ではなく、活動だ！

　生徒に文法を身に付けさせるには、「解説よりは活動だ！」というのが、一番大切なことです。文法を身に付けるのは、十分な活動をすることだ！　これは、Sherpaが一貫して主張し続けていることで、今回も同じことが結論になりました。

高校でやるべきこと

　高校の英語授業改革を目指すSherpaが一貫して主張しているのは、高校（Sherpa頭のshはsenior highです）でまず目指すことは中学英語の定着だということです。
　アルク選書『高校生は中学英語を使いこなせるか』（2017）でも明らかになっているように、中学英語を使いこなせる高校生はほとんど見つかりませんでした。

そして、高校の先生方が気にする大学入試でも、中学英語を十分理解して使えるようになっていれば、最大で9割近くの問題に正解することができるということも、別のアルク選書『中学英文法で大学入試は8割解ける！』(2015) で明らかになっています。

　ですから、高校でまずやらなければならないのは中学英語の定着です。そのためには、高校入学時に生徒たちがどのくらい中学英語ができるようになっているかを調べることが必要になります。そして、その結果に応じて中学英語の定着を目指す取り組みをするということです。

中学英語の定着状況を把握

　高校英語授業でまずやるべきことは、新入生の中学英語の定着度合いを測定することです。例えば次のような測定ツールを試してみることが考えられます。

　Sherpaがこれまでに編み出したり、他の研究グループによって開発されたりしてきたところで言うと、KBテスト（高校生ビリーズテスト）、Sherpaテスト（前掲アルク選書 (2017) で開発・使用）などが利用可能です。本書の調査でも利用したKBテストの原型ともいえるビリーズテストを利用することも考えられます。

　ビリーズテストは第3章で紹介したように、be動詞構文のbeをあらかじめ抜いておいて、生徒に正しい位置にbe動詞を入れさせることによって、文の主語句が正しく把握されているかを見るものです。このテストによる調査でこれまでだいたい分かってきたことは、中学卒業時に正しく把握できている中学生の割合は、甘く見て3割程度、厳しく見ると1割を切るのではないか、ということです。

　この線を目安にしてこのテストを高校生に実施してみれば、だいたいの見当はつきます。平均的な水準を大きく上回っていれば取りあえず、中1、中2は良しとして、中3導入の文法事項を見てみればよいことになります。

中1、中2の定着が良ければ

　中3導入の文法事項も含めて見ることになれば、今回も使ったKBテストを実施してみればよいことになります。巻末にはテスト問題を掲載しておきましたから、これを利用してみてください。

　このテストは前記ビリーズテストの高校生版です。高校生版といっても高校で

新たに導入される文法事項をテストするのではなく、中3で導入される文法事項を含めて主語句把握の度合いを見ようとするものです。

　本書でも見たように、中学で活動の機会が十分与えられている場合だと、高校へ入ってから中3導入のものを含めて理解度が順調に上がってゆくことがほぼ確実です。このテストを高校入学時に行ってみると、中1、中2のものは大丈夫な生徒たちで、中3の部分はどうかを推し量る材料になります。このテストの結果が良ければ、そのまま高校英語に進んでも差し障りがないといってよいでしょう。

　もし、結果が芳しくなければ、中3部分の定着については、高校のこれからの課題になりますので、そのことを頭に入れながら高校授業を行う必要があると判断されます。

中1、中2の定着が良くなければ

　中1、中2導入の文法事項の結果があまり良くなければ、中学英語定着のための対策を講じなければなりません。どうすればよいでしょうか？

　概略すると、次の図のようになります。

中学英語定着方法
　　　①ブリッジ強化
　　　②中高英語同時並行
　　　　②-1　中学英語強化のための特別プログラムの実施
　　　　②-2　高校英語の進め方を調節

　大きく分けて二つの道があります。一つはブリッジで中高の段差をなくすことです（①）。ということは、高校英語にすぐには入らないということになります。そしてもう一つの対策は、高校英語の導入と同時並行で中学英語の強化を図ってゆく方法をとることです（②）。中高並行スタイルということです。

　中高同時並行スタイルにも2通り考えられます。あるいは、2方向からアプローチした方がよいということもいえます。

　一つは、中学英語強化のための特別プログラムを実施するということです（②-1）。そして、もう一つは、高校英語の進め方を調節して中学英語の段差をなくしながら同時並行して授業を進めてゆくという方策です（②-2）。

同時並行アプローチだと、中学英語定着、高校英語導入という二つのことを同時に行うことになるので、高校英語の方を調節しないとあぶ蜂取らずになってしまいます。欲張って強引に二つのことを推し進めようとすれば必ず失敗します。ここが要注意です。

中高ブリッジを強化

　まずは、ブリッジ強化から考えてみましょう。ブリッジ強化の一例としては、埼玉県立不動岡高等学校の「不動のブリッジ」という取り組みが上げられます。ここで出てくるコアラというプログラムについての知識がない読者は次のセクションで説明する「コアラ」をお読みになってから、戻ってこられると分かりやすくなると思います。

　「不動のブリッジ」は、高1の1学期中間テストまでは高校のテキストに入らず、コミュニケーション英語、英語表現の授業全部を「コアラ」という特別プログラムに充てます。およそ15コマです。この期間全てを中学英語の仕上げ（？）に充てるわけです。

　従来もブリッジという試みは多くの高校で行われてきています。しかし、ブリッジも「不動」とまでは行かず、高校入学前の春休み中などに、簡単な問題集などを与えて、やっておくようにと指示をするか、5月のゴールデンウィークまでの授業で答え合わせをする程度のものが多く見受けられます。

　不動岡高校では中高橋渡しの取り組みを本格化して、中学英語による活動に「コアラ」の活動で相当の負荷をかけて、中学英語を復習発展させることに約2カ月専念するという意味で画期的だといえます。

　また、現在、他の高校では、中学校の検定教科書を使って復習を行ったり、1学期ずっとブリッジ、あるいは、高1の半分以上（様子を見ながら）ブリッジを続けて行ってみようとしているところもあります。

高校英語との並行　コアラの取り組み

　ブリッジ期間を長くすると、当然、高校英語に入る時期が遅くなります。生徒たちの多くが中学英語から卒業していないのですから、遅くなっても仕方がないのですが、「遅れ」が気になる先生方は多くいらっしゃいます。「遅れて大丈夫な

のか」と焦るわけです。しかし、遅れを取り戻すためにも、中学英語卒業の方を先にやらねばなりません。理由は説明の必要はないでしょう。「急がば回れ」、です。

　なんとか、高校英語をやりながら中学英語定着も図れないのか、という気持ちになることは理解できます。本書では、やってみなければ分からない、ということにしておきますが、理屈上は無理な話です。

　そこで、「コアラ」の話になります。「不動のブリッジ」で、先に「コアラ」の話になりましたが、「コアラ」はこうしたニーズ（?）に応えるために始まったものです。

　「コアラ」はCore Learningの略称で、埼玉県立熊谷女子高等学校（以下、熊谷女子高校）など、埼玉県北部の五つの公立高校（SN5＝Saitama North 5：埼玉県立熊谷高等学校、埼玉県立熊谷女子高等学校、埼玉県立熊谷西高等学校、埼玉県立本庄高等学校、埼玉県立秩父高等学校）で編み出され、5高でいろいろな形で実施されています（詳細は『英語の先生応援マガジン』2018春号など参照）。

　最初に取り組み始めた熊谷女子高校のやり方で説明すると、ブリッジのように中高の間でまとめて行うのではなく、1年間にバラして実施する形を取っています。コミュニケーション英語の時間（熊谷女子高校では、4単位）を使って、隔週ぐらいのペースで行っています。偶然ですが、「不動のブリッジ」と同じで、年間10回から15回ぐらいになります。

　内容をごく簡単に説明しておきます。

　イントロの帯活動にはリアクション・トレーニング（『1日5分!　英文法リアクション・トレーニング』アルク）を用いています。音声を使った中学英文法の復習教材です。これを5〜10分かけて行います。その後、40分ぐらいで、メインの活動をします。メインはStrip StoryまたはLoudspeakerという活動になります。

　Strip Storyは1パラグラフを1文ごとにカードか付箋のような紙に印刷しておきます。パラグラフが5文から成り立っていれば5人のグループに分けて行います。生徒一人がそれぞれ別々の1文を黙読して覚えます。覚えたらそれから先はグループで話し合って、パラグラフを再構築します。話し合いは英語（とジェスチャー）で行い、メモを取ったり、カードを読み直したりすることはできません。文の順序を考える際に、中学で学んだ語彙や文法の知識を総動員しなければなりません。ですから中学英語の強化に通じるわけです。

　パラグラフに並べ替えたら、クラス全体に発表し、他のグループとの異同を確認します。グループによって文の順序が異なっていたら、そのうちのどれが適切

な順序かをクラス全体で議論します。このときも、文法や語彙、パラグラフの構造などいろいろな知識が必要になります。

　LoudspeakerはShadowingとDictationを組み合わせた活動で、クラスの生徒一人がヘッドホンを着け、1パラグラフ、Shadowingを行い、他の生徒は、それを書き取ります。つまり、生徒の一人が、拡声器になるということでLoudspeakerと名付けられています。完璧にShadowingを行える生徒はほとんどいませんし、仮にいたとしても一度では書き取れませんので、何人も（通常、20人ぐらい）の生徒が交代してShadowingを行います。この何人にも何度にもわたって、同じ材料を繰り返させるのがねらいです。途中で近くの生徒で話し合い（普通は日本語）、徐々にパラグラフを完成させる活動です。この活動もStrip Story同様、それまでに習ったことを実際に活用する場を提供するものです（活動の詳細については本多（2017）など参照）。

高校教材を行きつ戻りつ

　「コアラ」は、高校の教材とは別に教材を使い（投げ込み教材）、中学英語発展学習のために行うプログラムですが、SN5や不動岡高校では、これとは別に、コミュニケーション英語の復習のためにLoudspeakerを使うことを検討しています。これも、中学英語強化のための一方策といってよいでしょう。

　インターバルを置いて、過去に習ったレッスンのうちの1パラグラフをShadowing、Dictationをさせるというアイデアです。第4章でも分散学習の効果研究についても触れています。

　生徒たちにはどのレッスンのどこのパラグラフを使うかは知らされておらず、クラスメートがShadowingを行う過程で徐々に思い出すという仕掛けです。通常授業のイントロの帯活動のようなイメージで実施することを検討中です。これを繰り返すことによって、一度授業で扱ったレッスンにも何カ月か後、あるいは1、2年後にまた接するということが習慣化され、定着が促進されればいいなという期待のもとに実施を話し合っています。

TANABU Model など

中学英語の定着と高校英語の導入を両立させようとしている授業実践としては、今回もご協力いただいた青森県立田名部高等学校のTANABU Modelも一つの例になるでしょう。

この方式は中学英語定着を強く意識したものではありませんが、コミュニケーション英語で予習を前提にせず、すぐにパラグラフチャートに入り、教科書の文章の全体像をパートごとにざっくりつかませ、Q & Aや音読をふんだんに織り込むことによってretellingへ持ち込むものです。このモデルの流れは、高校英語導入の負担を軽くした上で、活動の時間を十分に取るという意味では、中高英語同時並行型のアプローチの一つと数えてよいように思います。詳細はアルク選書『レッスンごとに教科書の扱いを変えるTANABU Modelとは』（2017年）をご覧ください。

他の例として、和訳先渡し授業もあります。予習なしで全訳を渡してしまうことによって、英語を使うさまざまな活動がより早くできるようにという発想で編み出されたもので、2001年高知で開かれた全英連高知研究大会で発表されました。これについても、『和訳先渡し授業の試み』（金谷憲＋高知県高校英語研究プロジェクト・チーム共著、2004年、三省堂）をご案内するにとどめます。

文法指導のヒントはどこに？

この章を、ここまで読んでこられた読者の中には、文法指導のヒントというタイトルを掲げていながら、これまで文法指導らしいことを言っていないじゃないかという不満をお持ちの方がいらっしゃるかもしれません。

ここで再び、この本のテーマである「文法」を「教える」とは、という問題に立ち戻ります。「文法」を「教える」に対する私たちSherpaの捉え方は、文法解説も含め、「文法が生徒の身に付くような仕掛けを作って実行をすること」という広い意味に捉えています。Sherpaは、「文法」を「教える」ことを、「文法規則について一定程度の時間を割いて解説する」という非常に狭い意味には捉えていません。

従って、文法指導のヒントということは、取りも直さず文法定着のための授業実践全般に対するヒントということになります。「不動のブリッジ」や「コアラ」などについてヒントとして縷々述べているのはそのためです。

この本で何度も繰り返して言っているように、文法定着には何はなくとも生徒に活動をさせなければなりません。しかも十分な量の活動が必要です。そのためには、活動の時間を最大化し、その他の部分を最小化する（ただし、ゼロにせよという意味ではありません）ことが不可欠となります。

結局は英語の定着　〜結び〜

英語を使うようになるためには文法規則が頭に定着しなければなりません。文法規則が頭に定着するためには、最低条件として使わないといけません。

ただし、使っただけで完璧かどうかは分かりません。第一言語（あるいは生活で常に使われている第二言語）とは異なり、外国語として極めて限られた時間しか接しない言語が使えるようになるには、補助輪（例えば、教師による解説）が必要な場合もあるかもしれません。

しかし、その逆はないことだけは確かです。つまり、解説という補助輪が主役であり、使うことが脇役であるということは、常識でもあり得ないことだと思います。優先順位で言えば、主役は活動、脇役はそれ以外。その中に教師による解説も含まれるだろうと思います。

本書をお読みになり、文法解説と活動、どちらが主役でどちらが脇役なのかは、ご理解いただけたと思います。英語が使えるようになるには使わせる活動を主役に据えるということは、Sherpaが一貫して主張していることです。そろそろ、しっかりと、主役、脇役を取り違えない英語教育にして行かなければなりません。

第6章

参考文献　金谷憲・高知県高校授業研究プロジェクト・チーム共著 (2004)『和訳先渡し授業の試み』三省堂

アルク総合教育研究所 (監修)、金谷憲 (編著)、片山七三雄・吉田翔真 (著) (2015)『中学英文法で大学英語入試は8割解ける!　高校英語授業の最優先課題』アルク

本多綾子・関野眞理子 (2016)「Interview:負荷を掛けた発展的復習で基礎定着を図る中学英語復習プログラム「コアラ」とは」、『英語の先生応援マガジン』2016年冬号、pp.8-11、アルク

金谷憲 (編著)、臼倉美里・大田悦子・鈴木祐一・隅田朗彦 (著) (2017)『高校生は中学英語を使いこなせるか?　基礎定着調査で見えた高校生の英語力』アルク

本多綾子 (2017)「熊谷女子高等学校の中学復習活動「コアラ (コア・ラーニング)」について」『英語教育』5月号、pp.32-33、大修館書店

金谷憲 (編著)、堤孝 (著) (2017)『レッスンごとに教科書の扱いを変えるTANABU Modelとは　アウトプットの時間を生み出す高校英語授業』アルク

付録
（Appendices）

Contents

FMテスト

日付：＿＿＿＿年＿＿月＿＿日
＿＿＿＿年＿＿＿組＿＿＿番　名前＿＿＿＿＿＿＿＿＿＿＿＿＿＿

以下の問題を読んで、適切だと思う選択肢を一つずつ選んでください。
（制限時間は2分です）

(1) The museum in the city is big.

問題：大きいのは？

(a) 美術館　　　　　　　(b) 都市

(c) 美術館と都市の両方　(d) わからない

(2) Tom turned off the TV and Amy turned it on.

問題：テレビはどうなっている？

(a) ついている　　(b) 消えている　　(c) わからない

(3) The lady looking at the red dress is beautiful.

問題：美しいのは？

(a) 女性　　　　　　　　(b) ドレス

(c) 女性とドレスの両方　(d) わからない

(4) John opened the door Mary closed.

問題：ドアはどうなっている？

(a) 開いている　　(b) 閉まっている　　(c) わからない

KBテスト

次の各文について、(　　)の語を加えて文を完成させるとき、もっとも適切な場所の数字にマルをつけてください。(制限時間13分です)

例題1：I ① fine ② today ③. (am)

例題2：He ① very ② kind ③. (is)

(1) The ① new ② picture ③ of ④ Mary ⑤ on ⑥ the ⑦ table ⑧. (is)

(2) This ① new ② red ③ sweater ④ cute ⑤. (is)

(3) The ① tall ② man ③ liked ④ by ⑤ everyone ⑥ Koji ⑦. (is)

(4) The ① girl ② that ③ you ④ invited ⑤ to ⑥ the ⑦ party ⑧. (cooked)

(5) Which ① small ② clock ③ yours ④? (is)

(6) The ① movie ② about ③ the ④ singer ⑤ interesting ⑥. (is)

(7) This ① cake ② very ③ good ④. (is)

(8) The ① student ② that ③ reads ④ many ⑤ books ⑥ English ⑦. (likes)

(9) The ① man ② eating ③ in ④ the ⑤ restaurant ⑥ popular ⑦. (is)

(10) The ① girl ② who(whom) ③ he ④ knew ⑤ a ⑥ new ⑦ company ⑧. (started)

(11) Which ① car ② your ③ father's ④? (is)

(12) The ① man ② who ③ works ④ at ⑤ Starbucks ⑥ tea ⑦. (likes)

(13) The ① old ② painting ③ of ④ my ⑤ brother ⑥ in ⑦ the ⑧ box ⑨. (is)

(14) That ① blue ② music ③ player ④ popular ⑤. (is)

(15) The ① girl ② that ③ the ④ student ⑤ taught ⑥ very ⑦ hard ⑧. (studied)

(16) Which ① pen ② Tom's ③? (is)

(17) The ① big ② park ③ in ④ our ⑤ city ⑥ beautiful ⑦. (is)

(18) The ① little ② girl ③ who ④ was ⑤ eating ⑥ candies ⑦. (jumped)

(19) That ① fast ② train ③ famous ④ in ⑤ Japan ⑥. (is)

(20) The ① cute ② girl ③ I ④ met ⑤ the ⑥ man ⑦. (pushed)

(21) The ① picture ② taken ③ here ④ beautiful ⑤. (is)

(22) The ① old ② man ③ who(whom) ④ I ⑤ met ⑥. (called)

(23) Which ① person ② your ③ teacher ④? (is)

(24) The ① large ② room ③ in ④ my ⑤ house ⑥ clean ⑦. (is)

(25) The ① boy ② who ③ is ④ talking ⑤ with ⑥ Nancy ⑦ a ⑧ lot ⑨. (laughs)

(26) The ① girl ② reading ③ a ④ book ⑤ very ⑥ cute ⑦. (is)

(27) The ① famous ② singer ③ everybody ④ knows ⑤. (sang)

(28) This ① computer ② new ③ and ④ useful ⑤. (is)

(29) The ① young ② man ③ that ④ was ⑤ swimming ⑥. (smiled)

(30) Which ① baseball ② team ③ strong ④ in ⑤ Japan ⑥? (is)

(31) The ① old ②man ③ he ④ knows ⑤ every ⑥ day ⑦. (works)

(32) The ① watch ② broken ③ yesterday ④ Mika's ⑤. (is)

(33) The ① boy ② who(whom) ③ the ④ old ⑤ woman ⑥ likes ⑦ CDs ⑧. (sells)

FMテスト解答

すべて (a)

KBテスト解答

(1) 5	(18) 4または7
(2) 4	(19) 3
(3) 6	(20) 4または5
(4) 8	(21) 4
(5) 3	(22) 6
(6) 5	(23) 2
(7) 2	(24) 6
(8) 6	(25) 3または7
(9) 6	(26) 5
(10) 5	(27) 5
(11) 2	(28) 2
(12) 6	(29) 4または6
(13) 6	(30) 3
(14) 4	(31) 5
(15) 6	(32) 4
(16) 2	(33) 7
(17) 6	

付録

執筆者紹介

✳ 編著者

金谷 憲 (かなたに けん)
執筆分担 ● 第1章、第5章、第6章

東京学芸大学名誉教授。東京大学大学院人文科学研究科修士課程、教育学研究科博士課程及び米国スタンフォード大学博士課程を経て（単位取得退学）、32年間、東京学芸大学で教鞭を執る。現在、英語教育協議会（ELEC）理事、国際教育振興会（IEC）理事などを兼任。またフリーの英語教育コンサルタントとして、学校、都道府県その他の機関に対してサポートを行っている。専門は英語教育学。研究テーマは、中学生の句把握の経年変化、高校英語授業モデル開発など。全国英語教育学会会長、関東甲信越英語教育学会会長を歴任。1986年より3年間NHK「テレビ英語会話I」講師、1994年から2年間NHKラジオ「基礎英語2」監修者。著書に、『英語授業改善のための処方箋』（大修館書店）、『和訳先渡し授業の試み』（三省堂）、『英語教育熱』（研究社）、『教科書だけで大学入試は突破できる』（大修館書店）、『高校英語授業を変える！』（アルク）、『中学英文法で大学英語入試は8割解ける！』（アルク）、『高校生は中学英語を使いこなせるか？』（アルク）、『中学英語いつ卒業？　中学生の主語把握プロセス』（三省堂）など多数。

✳ 著者（登場順）

臼倉美里 (うすくら みさと)
執筆分担 ● 第2章

東京学芸大学准教授。昭和女子大学英米文学科卒。大学卒業後に都立高校教諭として5年間勤務。その間、東京学芸大学大学院修士課程（教育学）を修了。引き続いて博士課程を修了。博士課程在学中に都立高校を退職。その後は大学および高校での非常勤講師等を経て現職に至る。専門は英語教育学。研究分野はリーディングで、特に文章理解における明示的知識の必要性、単文理解速度の重要性などに焦点を当てている。所属学会は全国英語教育学会、関東甲信越英語教育学会、英語授業研究学会、リメディアル教育学会、大学英語教育学会、外国語教育メディア学会など。共著に『高校英語授業を変える！』（アルク）、『高校英語教育を整理する！』（アルク）、『高校生は中学英語を使いこなせるか？』（アルク）、『English Quest』シリーズ（桐原書店）、『Listening Pilot』シリーズ（東京書籍）などがある。

鈴木祐一（すずき ゆういち）

執筆分担 ● 第3章、第4章

神奈川大学准教授。東京学芸大学教育学部で日本語教育を学び、同大学院教育学研究科では英語教育学を専攻（教育学・修士）。その後、メリーランド大学大学院第二言語習得研究科で博士号を取得（Second Language Acquisition, Ph.D.）。研究テーマは、認知心理学の基づいた外国語の練習方法の最適化、明示的知識と暗示的知識のインターフェース問題、外国語学習における個人差要因の役割と指導方法との関係など多岐にわたる。Studies in Second Language Acquisition（Cambridge University Press）やLanguage Learning（Wiley）などのSLA国際誌への論文を多数掲載。2017年Studies in Second Language Acquisition最優秀論文賞（Albert Valdman Award）、2018年IRIS Replication Awardを受賞。SLA研究の知見と英語教育などの外国語教育実践の橋渡しを目指している。共著に、『高校生は中学英語を使いこなせるか？』（アルク）、『実践例で学ぶ 第二言語習得研究に基づく英語指導』（大修館書店）などがある。

大田悦子（おおた えつこ）

執筆分担 ● 第3章

東洋大学准教授。琉球大学法文学部文学科卒。沖縄県および宮崎県公立高校教諭を経て、2004年東京学芸大学大学院修士課程入学。2010年同大学院博士課程修了。専門は英語教育学で主な研究テーマは、外国語学習におけるリピーティング・シャドーイングの役割、検定教科書の難易度分析。所属学会は全国英語教育学会、関東甲信越英語教育学会、外国語教育メディア学会。英語教育における「実践」と「研究」の連携を模索中。共著に『高校英語授業を変える！』（アルク）、『高校英語教育を整理する！』（アルク）、『高校生は中学英語を使いこなせるか？』（アルク）などがある。

Sherpaの主な活動内容

✳ 目的

Senior High English Reform Project ALCの略で、東京学芸大学金谷憲名誉教授をリーダーに立ち上げた、高校の英語の先生方をサポートする支援プロジェクトです。シェルパが荷物を運んだり道案内をしたりして登山家を頂上まで導くように、高校の先生方の日々の授業の手助けとなって、高校英語授業の改善に貢献することを目的としています。

✳ これまでの主な活動

2010	Sherpa立ち上げ
	＊定着活動を重視した授業モデルのパターン作りの研究を開始
	＊従来とは異なる切り口による大学入試問題の分析を開始
	＊『英語の先生応援マガジン』にて活動報告を開始
	Sherpa発表会　第1回(神奈川)、第2回(東京)
2011	＊高校現場を訪問してセミナーや研修などを行う出張研修※を開始
	『高校英語授業を変える！』『高校英語の授業マニュアル 訳読Onlyからの Takeoff』『高校英語の授業マニュアル DVD』『1日5分！ 英文法リアクション・トレーニング基礎編』(学校専売品)『1日5分！ 英文法リアクション・トレーニング応用編』(学校専売品)刊行
	Sherpa発表会　第3回(東京)、第4回(埼玉)、第5回(岡山)、第6回(大阪)
2012	『高校英語教科書を2度使う！』『大学入試英語 パラチャート・トレーニング』(学校専売品)刊行
	Sherpa発表会　第7回(東京)、第8回(名古屋)、第9回(佐賀)、第10回(仙台)
2013	＊コミュニケーションのための文法参考書の企画検討を開始
	『高校英語教育を整理する！』刊行
	Sherpa発表会　第11回(千葉)、第12回(神奈川)
	Sherpa演習セミナー　第1回(東京)
2014	＊大学入試問題における中学英文法の重要性を探る調査を開始
	＊教科書とティーチャーズ・マニュアル(TM)との関係およびTMの活用法についての調査・議論
	Sherpa演習セミナー　第2回(東京)、第3回(福岡)、第4回(神奈川)
	金谷憲先生 総合監修 文法総合参考書『総合英語One』『総合英語One【完全準拠】Grammar Book』(学校専売品)『総合英語One【完全準拠】Workbook』(学校専売品)ほか4点刊行
2015	「アルク英語教育実態レポートVol. 2―英語の大学入試問題における中学英文法の重要性調査―」発表
	Sherpa発表会　第13回(千葉)、第14回(大阪)
	Sherpa演習セミナー　第5回(東京)
	『中学英文法で大学英語入試は8割解ける！』刊行

2016	「高校生の基礎定着調査」中間報告
	Sherpa発表会　第15回(東京)、第16回(神奈川)、第17回(長野)
2017	『高校生は中学英語を使いこなせるか？』『レッスンごとに教科書の扱い
	を変えるTANABU Modelとは』刊行
	Sherpa発表会　第18回(東京)、第19回(福岡)
	Sherpa特別セミナー
2018	文法教材活用セミナー2018(札幌、東京、大阪、横浜)
	＊Sherpa Channelの配信開始
	英語教育に関する様々なテーマ(高校英語授業における取捨選択、指導
	法など)について、Sherpaプロジェクトメンバーによるディスカッショ
	ン・出張研修の模様を動画で配信(テーマ例：「英作文指導で"指摘すべ
	き誤り"とは？」「音読指導の取捨選択」等)
	＊これまでの活動をもとに無料のSherpaセミナーを毎月開催　第1回、
	第2回開催(東京)
2019	文法教材活用セミナー2019(東京、大阪)
	Sherpaセミナー　第3回～第10回(東京)
	『英語スピーキング力はどう伸びるのか』刊行
2020	Sherpaセミナー　第11回～第13回(東京)

✳ 出張研修とは

金谷先生やSherpaのメンバーがコーディネートする講師が直接学校に出向き、より良い授業を目指すための研修を行います。授業についての具体的なアドバイスや、その学校の生徒・先生に合った授業モデルをご提案します。

【出張研修実施校】(2020年2月現在)
●山形県立新庄北高等学校(KitaCOM)　●青森県立田名部高等学校(TANABU Model)　●山形県立東桜学館中学校・高等学校(山形スピークアウト方式)　●埼玉県立朝霞西高等学校　●和洋国府台女子中学校高等学校　●駒沢学園女子中学校・駒沢学園女子高等学校　●茨城県立藤代高等学校　●麗澤瑞浪中学・高等学校

✳ 関連書籍一覧

先生向け

『高校英語の授業マニュアル 訳読OnlyからのTakeoff』／『高校英語の授業マニュアルDVD』／『高校英語授業を変える！』／『高校英語教科書を2度使う！』／『高校英語教育を整理する！』／『中学英文法で大学英語入試は8割解ける！』／『高校生は中学英語を使いこなせるか？』／『レッスンごとに教科書の扱いを変えるTANABU Modelとは』／『英語スピーキング力はどう伸びるのか』

生徒向け

『1日5分！ 英文法リアクション・トレーニング基礎編』(学校専売品)／『1日5分！英文法リアクション・トレーニング応用編』(学校専売品)※解答・解説付き。生徒用CDは別売／『大学入試英語 パラチャート・トレーニング』(学校専売品)／『総合英語 One』／『総合英語 One【完全準拠】Grammar Book』(学校専売品)／『総合英語One【完全準拠】Workbook』(学校専売品)ほか4点　※解答・解説付き。Workbookは生徒用CD付き

アルク選書シリーズ

高校英語授業における文法指導を考える
—「文法」を「教える」とは?—

発行日　2020年6月9日（初版）

編著者　金谷 憲
著者　臼倉美里、大田悦子、鈴木祐一
編集　文教編集部、古賀亜未子（株式会社エスクリプト）
デザイン　松本君子
DTP　株式会社創樹
撮影　遠藤貴也
印刷・製本　萩原印刷株式会社
発行者　田中伸明
発行所　株式会社アルク
　　　　〒102-0073　東京都千代田区九段北4-2-6 市ヶ谷ビル
　　　　Website：https://www.alc.co.jp/

地球人ネットワークを創る

アルクのシンボル
「地球人マーク」です。